基于环境约束的我国肉羊屠宰加工企业经济效率研究

Economic Efficiency of Mutton Sheep Slaughtering and Processing
Enterprise Based on Environmental Constraints in China

曹 帅 张小栓 侯云先 李 军 著

中国农业出版社

北 京

财政部和农业农村部：国家现代农业产业技术体系资助

Supported by China Agriculture Research
System of MOF and MARA

本书以国内 13 个省的 61 家肉羊屠宰加工企业 2014—2017 年的生产经营数据、资源与能源投入数据以及污染物排放数据为研究对象，首先运用 DEA 模型对不同背景下的中国肉羊屠宰加工企业的经济效率进行分析；其次使用 GRA 灰色关联分析和 Tobit 回归分析找出不同背景下肉羊屠宰加工企业经济效率的影响因素；再次以肉羊屠宰加工企业的环境经济效率为研究重点，使用方向性距离函数和 Malmquist 指数，对肉羊屠宰加工企业环境经济效率的特征进行分析；接下来估计肉羊屠宰加工企业水污染物（包括化学需氧量 COD、五日生化需氧量 BOD_5、悬浮物 SS、动植物油和氨氮排放量）的边际减排成本，然后对国家制定的污染物排污费制度是否合理展开讨论，并对五种污染物边际减排成本的影响因素进行研究；最后从企业层面检验环境约束政策对肉羊屠宰加工企业环境经济效率的影响，即检验环境约束政策与企业环境经济效率之间的关系，为了验证环境约束政策是否存在"门限效应"，构建了两个环境约束方面的指标，分别是节能指数和减排指数门限。

主要研究结论如下：

第一，我国肉羊屠宰加工企业环境管理能力总体水平不高，环境管理混乱，节能节水技术落后，措施少，废弃物任意排放，回收利用率低。

第二，不同背景下，我国肉羊屠宰加工企业整体的经济效率都处于较低的状态，资源与能源投入冗余情况严重。肉羊屠宰加工企业经济效率的影响因素程度不同。从时间上看，企业均处于环境经济效率增长状态；从地区上看，西部地区肉羊屠宰加工企业的平均环境经济效率高于东部和中部；从规模上看，企业环境经济效率的提升和企业规模不成正比，没有表现出明显的 α 收敛，中国总体和中部地区企业环境经济效率符合绝对 β 收敛，东部和西部地区不符合；中国总体、东部和中部地区的企业环境经济效率均符合条件 β 收敛，西部地区不符合。

第三，目前肉羊屠宰加工企业水污染物的排放边际成本高于污染物的排污费价格，很难对肉羊屠宰加工企业的污染物排放行为形成有效的监督和管理。

第四，环境约束政策对肉羊屠宰加工企业的环境经济效率的影响是非线性的，而且比较明显，节能指数、减排指数和环境经济效率之间存在"门限效应"，减排指数存在一个门限值，节能指数存在两个门限值。

第1章 绪 论

1.1 研究背景和意义

改革开放以来，经过了四十多年的努力，我国的经济总量已经排到了世界第二位。在改革开放初期，我国采取的是粗放型的经济发展方式，大量地投入资源和能源换来了经济的高速增长。然而，资源和能源并不是取之不尽用之不竭的，低效率的资源和能源的投入方式，已经无法支撑中国经济新的增长。同时，由于资源和能源都是从自然环境中获取，多年的过度使用已经对环境造成了巨大的破坏。因此，基于我国国情和发展现状，深入研究"在保证经济增长和保护环境的前提下，合理并高效地利用现有资源和能源"问题，就显得十分紧迫。"十三五"规划纲要中明确提出"提高能源利用效率，建设清洁低碳、安全高效的现代能源体系……实施能源和水资源消耗、建设用地等总量和强度双控行动"。

企业作为经济社会中最小的经济体，也是经济发展的主体，它的本质在于追求利润以及谋求发展。企业若想发展就必然要从自然环境中获取相应的资源和能源进行生产，然而在生产过程中，必然会产生并排放出大量的废弃物，对自然环境造成污染。粗放型的企业经营方式，基本上不能够统一考量资源和能源的再生速率，这是造成资源匮乏和环境破坏的最关键因素。若要尽早处理环境污染难题，企业需要付出资金升级生产设备和更新技术工艺，提高企业对资源和能源的利用效率并减少废弃物的排放。从表面上看，这与企业追求利润最大化的本质是相互矛盾的，但实际上，虽然企业增加了技术成本和设备成本，但是资源和能源利用效率的提高可以为企业节约资源和能源的投入量，更少的资源和能源可以生产出更多的产品，这就无形中降低了企业的生产成本；同时，先进的生产技术和生产设备一方面可以减少生产过程中排放的废弃物，另一方面也可以对排放的废弃物进行循环利用，增加企业产值。

羊肉已经成为百姓餐桌上一道不可或缺的美食，羊肉消费的普及程度越来越高，2017 年我国人均羊肉消费量为 3.56 千克，比 20 世纪 80 年代末期的 0.8 千克增加了 3.5 倍，增速高于世界平均水平，但是与发达国家相比仍然存在一定差距。中国的肉羊养殖和屠宰加工在世界上占有重要地位，研究发现，自 20 世纪 80 年代末期以来，我国已经成为世界上肉羊饲养量、出栏量以及羊肉产量最多的国家。

我国的肉羊养殖产业的发展经历了从毛用、皮用为主到毛、皮、肉兼用再到以肉用为主的历程。20 世纪 90 年代以来，伴随着国民经济的飞速发展和人民群众健康意识的增强，羊肉凭借其独特的特性深受消费者喜爱[1]。尤其是进入 21 世纪以后，我国肉羊产业进入快速发展阶段，成为肉羊生产大国[2]。

我国政府对肉羊产业发展的重视程度越来越强，制定了多项措施来促进肉羊产业的健康、稳定和快速发展。农业部在 1992 年就提出了要快速推进肉羊养殖，增加羊肉产量[3]。同样在 1992 年，农业部还提出了要加大力度推进畜牧业发展。全国农业和农村经济发展第十个五年计划（2001—2005年）指出："快速推进畜牧业，提高畜牧业在农业总产值中的比重，加快发展羊肉生产。"国务院在 2001 年也提出加快发展肉羊生产。另外，农业部在 2009 年制定并发布了《全国肉羊优势区域布局规划（2008—2015 年）》。

我国传统的肉羊养殖主要是以家庭为基本单位的粗放型饲养和自由放牧饲养的方式为主，肉羊生产模式的主要特点是低投入、低产出、规模化难以实现。改革开放以后，伴随着我国肉羊养殖方式的转变，肉羊养殖由传统的草饲转变为草料混合饲养或饲料饲养；由传统的小规模的分散饲养转变为大规模的集中饲养；由传统的放牧饲养逐渐向舍饲发展；肉羊的规模养殖取得很大进展，规模化水平持续增强。肉羊养殖的发展结构也在持续完善的过程中，肉羊养殖的优势区域主要集中在牧区的内蒙古、新疆和农区的河南、河北、山东等地[4]。尤其是肉羊养殖基本完成了了"牧生农长"的局面，也就是说将在牧区出生的肉羊运送到农区生长[5]。

由于生产设备和技术工艺相对落后，我国的肉羊屠宰加工产业属于高资源投入和高能源消耗产业。我国 1992 年出台的《肉类加工工业水污染物排放标准》中对肉类屠宰加工企业排放废水中各种污染物的排放浓度提出了要求，化学需氧量（COD）不得超过 500 毫克/升，悬浮物（SS）不得超过 400 毫克/升，五日生化需氧量（BOD_5）不得超过 300 毫克/升，动植物油不得超过 60 毫克/升，氨氮不得超过 25 毫克/升。所以，在如此严苛的肉羊屠宰加工产业环境约束的前提下，肉羊屠宰加工企业面对加工方式转变和经营方式升级两个方面的困难。

由于我国的肉羊产业基本都处于西北民族地区和中部经济欠发达地区，肉羊产业发展的起点较低、投入较少、力度较小，导致了整个肉羊产业链的规模化和组织化程度偏低，进而造成整个肉羊产业链的利润水平低和运行效率差的结果。为了应对日益激烈的市场竞争，肉羊屠宰加工企业一直在进行产业布局调整和优化的过程中，行业内肉羊屠宰加工企业的数量逐渐减少，很多规模小、生产设备陈旧、技术工艺落后、排放超标的肉羊屠宰加工企业倒闭或者被兼并。

本书的研究对象肉羊屠宰加工企业是指既从事肉羊屠宰分割又从事羊肉产品加工的企业，仅从事肉羊屠宰分割和羊肉产品加工的企业不在本书的研究范围中。我国存在很多规模极小的肉羊屠宰企业（场），这些肉羊屠宰企业（场）分布在全国各地的县和乡镇之中，数量较大。他们只对肉羊进行简单的屠宰和分割之后，就将肉羊胴体出售给规模较大的肉羊屠宰加工企业进行羊肉产品加工，由于管理不规范，它们几乎不记录各种生产经营数据，所以本书在研究中不对这些肉羊屠宰企业（场）进行讨论。

据不完全统计，我国的肉羊屠宰加工企业数量由 2008 年年初的 800 多家减少到了 2017 年年底的不足 300 家，10 年间减少了超过 60%。环境约束政策是一把双刃剑，一方面可能会增加企业的生产成本，影响企业的生产效率，损害企业的竞争力。另一方面还能够鼓励企业实行环境约束决策时可以特别得小心。2014—2017 年，羊肉产品价格波动明显，肉羊屠宰加工企业需要面对羊肉产品价格变化带来的新一轮结构调整，机遇和挑战并存。节能减排、清洁生产和资源综合利用的肉羊屠宰加工方式可以提升企业对资源与能源的利用效率，进而提升企业的经济效率，大力提倡循环经济，促进经济与环境的协调发展。减少资源与能源消耗、减少废弃物的排放将成为肉羊屠宰加工企业可持续发展的必然选择。

所以，在考量环境约束外部性的基础上，计算肉羊屠宰加工企业的经济效率、资源与能源效率和环境经济效率，对肉羊屠宰加工企业非期望产出的影子价格进行估算，对当前的排污费用是否合适进行辨识，对环境约束政策和肉羊屠宰加工企业经济效率的影响进行评价，这些研究对国家制定恰当的肉羊屠宰加工企业排污费水平、研商肉羊屠宰加工企业经营模式转变、再次建立肉羊屠宰加工企业与肉羊养殖企业（养殖户）之间的利润共享体系和促进肉羊屠宰加工企业发展的政策框架都具有重要的意义。

1.2　文献综述

本书在研究肉羊屠宰加工企业在不同背景下的经济效率的前提下，重点关注环境约束与肉羊屠宰加工企业经济效率之间的联系，研究过程首先从宏观研究入手，也就是对整个肉羊产业链进行研究，厘清肉羊屠宰加工企业在整个肉羊产业链中的位置以及其与上下游产业之间的关系；进而深入到中观研究，即对肉羊屠宰加工产业进行研究，了解我国肉羊屠宰加工产业发展的现状；接下来是从微观角度，也就是对肉羊屠宰加工企业在各种背景下经济效率的研究，摸清不同背景下我国肉羊屠宰加工企业的经济效率以及环境约束对企业经济效率的影响。

1.2.1　关于肉羊产业的研究

目前，国外学者关于肉羊产业的研究已经贯穿了整个肉羊产业链，而且出现了很多种研究方法，不但有根据问卷调研进行的统计分析、定性分析，而且还有根据数据进行的定量分析[6]。Whipple, G. D. 和 Menkhaus, D. J. [7]（1989）构建了动态供给模型对美国肉羊产业进行研究，结果表明从中短期来看，肉羊的供给和羊肉产品价格的变化呈正相关关系，仅从中期来看，肉羊供给对羊肉产品价格的变化是具有弹性的，但是从短期来看则是无弹性的。J. P. Boutonnet[8]（1999）对世界肉羊生产加工和羊肉需求情况进行了研究，结果显示除去大洋洲最主要的两个国家，羊肉在其他地区的价格均比较高，因此这些地区的屠宰加工企业很少进行羊肉产品的深加工，当下还基本停滞于羊肉产品的初加工环节。O. Gürsoy[9]（2006）对土耳其羊肉市场供给下降的原因进行分析指出，在新的支持政策和市场条件下，原因主要表现在当地肉羊品种遗传率低、饲养不科学、草场面积缩小、对肉羊产业发展的扶持力度相对较小等；另外，羊肉供给下降的趋势仍将继续，而对肉羊的国内扶持政策和力度不乐观。Stuart Mounte 和 Garry Griffith[10]（2008）对澳大利亚政策变化、研发投入和品种改良对肉羊产业发展的作用效果进行分析，他们采用了 EDM 模型方法，研究结果显示对养殖户来说，其他步骤的工艺创造力度明显弱于加工步骤、国内的激励手段明显弱于出口的激励手段；对消费者来说，改良羔羊品质的工艺创造激励作用反而明显。Singh 等[11]（2006）的研究结果显示在印度的西玛恰尔邦，耕地占有量和人口数量对肉羊养殖的规模产生了较大的影响，饲草料短缺严重束缚了肉羊产业的健康发展，羔羊的发病率高、羊肉产品市场设施落伍和肉羊屠宰加工企业生产设备陈旧也对肉羊产业发展产生了束缚。Fletcher 等[12]（2009）对畜牧业发展取得较大进展地区的肉羊养殖进行研究，发现澳大利亚肉羊养殖的进步促进肉羊产业链其他环节的进步。S. Vatn[13]（2009）对北欧五国的肉羊养殖的发展特征的研究显示这五个国家的肉羊养殖业的产值在国内生产总值中拥有很小的部分，在农业总产值中却拥有很大的部分，目前面对的重要难题是新出生羊的成活率低、过多关注用来抑制和诊治羊只慢性病毒感染和腹泻等疾病和放牧地区的夏季狩猎造成肉羊数量减少。

国内学术界关于肉羊产业的研究主要集中在肉羊养殖阶段的效率分析以及羊肉产品价格变化方面，即肉羊屠宰加工产业在整个肉羊产业链中的上游和下游，而对肉羊养殖的研究主要以养殖户为研究对象。例如王雪娇和肖海峰[14]（2017）基于 2012—2015 年农业部畜牧业司关于对生产监测获取的数据，利用 DEA-Malmquist 指数法对不同品种的肉羊和不同的养殖方式下肉羊生产的技术效率和全要素生产率进行分析。王士权等[15]（2017）基于2005 年 1 月至 2015 年 3 月间的羊肉市场价格变动，运用有限滞后分布模型分析羊肉市场价格变化特点、动态特征及其关联效应。关于肉羊屠宰加工企业的研究则主要集中在对发展现状的描述以及对羊肉产品安全加工的探讨，仍停滞在理论环节，从定量的视角对肉羊屠宰加工企业生产效率的研究还很少。例如丁存振和赵瑞莹[16]（2014）从设备、技术、产品种类和规范标准四个方面对我国肉羊屠宰加工企业的发展现状进行阐述。王兆丹等[17]（2012）对羊肉产品在加工流程中的风险展开了生物、化学、物理分析，根据 HACCP 原理确定了相关的关键控制点（CCP）和关键限值，提高了羊肉产品的食用安全性。

1.2.2　关于肉羊屠宰加工的研究

Cuthbertson AM[18]（1976）和 Cameron P N[19]（1978）的研究结果显示澳大利亚以肉羊的性别、年龄、背膘厚度和胴体质量作为分级标准，第一步是根据肉羊的性别和生理成熟度将其划分为羔羊、幼年羊、成年羊和公羊四个等级，第二步是根据肉羊胴体的重量，将肉羊胴体又进一步划分为轻级（L）、中级（M）、重级（H）和特重级（X），最后是结合肉羊胴体的背膘厚度，对肉羊胴体进行综合质量评价，形成了肉羊胴体的分级标准。

薛恒芳[20]（1990）的研究显示匈牙利的肉羊屠宰加工企业厂区结构恰当，作用定位清楚，各个生产环节技术流畅熟练，由于欧洲的羊肉产品市场上小包装产品比较畅销，分割车间成为屠宰加工企业中重要的生产环节。封俊[21]（2006）的研究显示新西兰作为世界上羊肉产品主要出口国，肉羊屠宰加工技术工艺水平也处于世界前列，经过几十年的发展和完善，新西兰首创的翻转式肉羊屠宰加工技术已经被世界上很多国家采用。孔凡真[22]（2007）的研究显示澳大利亚的肉羊屠宰加工具有以下特点，首先是加工企业资格审批严格，数量少标准高；其次是生产设备先进，自动化程度高；最后是工人的操作熟练程度高，产品质量控制严格。

陈丽和张德权[23]（2010）研究显示美国很早就研究并制定了羊胴体分级标准，1931 年就发布了关于羔羊肉、12 月龄羊肉和成年羊肉的分级标准，此后，经过了 10 多次的修改，在 1992 年就形成了相对完善的国家标准，并一直沿用到现在（United States Department of Agriculture，1992）。该标准由质量品质和产量等级构成。质量品质用来评价羊肉的食用性和适口性，选取肌间脂肪的生理成熟度和丰富度作为评价的依据，从劣到优分为五个级别，分别是等级之外、可用级、普通级、优选级和特选级。周光宏[24]

（2011）的研究显示肉羊肌间脂肪又可以细分为九个级别：罕见、稀量、微量、少量、中等量、多量、较丰富、丰富和很丰富；根据生理成熟度可以划分为四个级别，成年羊、青年羊、大羔羊和小羔羊。

1.2.3　关于企业经济效率的研究

关于企业经济效率的研究由来已久，最早可以追溯到 Goldstein 和 Putnoky[25]（1933）对于纺织工业人工照明的经济效率研究。Schultes[26]（1935）对现代化蒸汽锅炉企业的经济效率进行研究，之后陆续出现了多篇论文对各个行业企业的经济效率进行研究。国内关于企业经济效率的研究最早由任琛[27]（1957）提出，只不过当时被称为企业的劳动效率。60 多年以来，国内众多的学者对企业经济效率的研究已经取得了很大的成绩。任毅和丁黄艳[28]（2014）运用 DEA 模型和 Malmquist 指数法，从技术创新、管理水平和规模效率视角对我国不同所有制工业企业经济效率进行比较研究。马占新和温秀晶[29]（2010）基于面板数据对我国煤炭企业的经济效率进行分析，选取了 23 家煤炭上市企业作为研究样本，讨论了如何使用面板数据对煤炭企业的效率进行评价，并对 2000—2008 年我国主要煤炭上市企业的效率状况进行深入探讨。黄险峰和李平[30]（2009）使用两部门生产函数框架，首先对国有企业与非国有企业的效率进行比较，然后对国有企业的生产效益对经济增长的影响进行分析研究。

1.2.4　关于经济效率与企业环境责任之间的关系

经济效率与企业环境责任的关系问题一直是现代经济研究领域中争议最多的一个，争议主要存在两个方面：第一个是经济效率与企业环境责任是否存在相关关系，相关关系是怎样的？第二个是经济效率与企业环境责任是否存在因果关系，因果关系是怎样的？而对于经济效率与企业环境责任的关系问题的研究，其目的是为了回答一个经济界尤其是企业界广泛关注的问题，那就是企业积极履行环境责任是否值得。国外对经济效率与企业环境责任的关联问题进行了深入的理论研究和实证研究。其中的一些研究是在经济效率与企业社会责任的关联研究的框架内展开的，他们认为企业环境责任是企业社会责任的重要测量指标之一，甚至把污染控制行为和环境行为当作企业社会责任的替代指标。所以，对于经济效率与企业环境责任的关系探讨，无论是在企业社会责任的理论研究和实证研究中，还是专门针对经济效率与企业环境责任关系的研究中，都给我们提供了丰富的研究依据。

（1）观点之一：经济效率与企业环境责任不相关

Spicer[31]（1978）通过对美国经济优先权委员会公布的有关钢铁、石化、电器及造纸等行业的企业在污染控制方面的数据进行分析，结果显示，在造纸行业，企业经济效率与企业环境责任显著相关。但是，Chen 和 Metcalf[32]（1980）对同样的数据进行了分析，结果表明，如果考虑企业的规模差异的话，经济效率与企业环境责任则不存在相关性。Edwards[33]（1998）从 8 个行业共选取了 51 个环境领导者企业作为研究对象，使用企业对其产品和服务的自我环境披露、包装和环境标志以及排放物当成环境责任的投入要素，产出使用资产收益率，净资产收益率等经济指标，结果显示高度履行环境责任的企业与低度履行环境责任的企业相比较，其经济效率要好，但是，此结果并不是都显著。McWilliams 和 Siegel[34]（2000）的研究表明，过去大部分对于经济效率与企业环境责任之间关系的研究往往疏忽了对企业经济效率有十分重要影响的战略变量，这些研究可能会存在经济计量上的瑕疵，他们把研发密度变量加入研究中，结果表明企业环境责任对于企业经济效率的影响是中性的，也就是说经济效率与企业环境责任不相关。

（2）观点之二：经济效率与企业环境责任正相关

同样地，许多学者认为经济效率与企业环境责任正相关，他们指出：企业经济效率与履行环境责任之间不但不是呈现负相关的关系，而是相互之间还存在着正相关的关系。Moskowitz[35]（1972）、Parket[36]（1975）和 Palakshappa[37]（2018）皆指出，企业履行环境责任能够带来的显性成本相对是极小的，而企业本身很可能因此行为获得更大的利益。Wernerfelt[38]（1984）的研究表明企业的资源基础理论认为企业可持续竞争优势的来源主要是企业那些难以被复制和有价值的资源和能力；从企业的内部视角来看，企业对环境责任的投资行为将能够帮助企业培育出新的资源和能力，例如企业文化、生产技术和人力资源；如果当企业处于外部复杂而又动荡的环境之中时，环境责任行为也能够帮助企业提高其对外部环境的扫描和审视能力，以及信息的收集和处理能力，进而增强企业应对外部环境变化所产生的动荡与危机的反应速度和应对能力，并且能够提高有效利用各种资源的能力。

此外，Cornell[39]（1987）和 Garde Sanchez[40]（2017）从利益相关者理论的角度出发，他们指出企业除了必须要满足投资者的显性要求之外，还需要考虑到其他利益相关者的隐性诉求。不然，如果这种隐性诉求转化成为显性要求，就会导致企业要付出更多的额外成本。因此，具有高度环境责任形象的企业，相较于较低环境责任形象的企业而言，其总成本反而更低。所以，拥有高度环境责任形象的企业能够拥有更高的经济效率。Freeman 和 Evan[41]（1990）的研究表明通过平衡和满足不同利益相关者的利益诉求，能够增强企业对来自外部的利益诉求的适应能力，并改善企业的经济效率。

Donaldson 和 Preston[42]（1995）以及 Garde Sanchez[43]（2017）的研究显示关注并满足多元利益相关者的利益诉求对于企业提高经济效率是十分有益的。Rahmana 和 Febrizal[44]（2017）的研究也表明，企业履行环境责任的行为不但能够提升企业的社会声誉和正面形象，还能够使企业获得更多消费者的支持，凭借相互之间和谐的关系和支持的态度，企业履行环境责任将为其带来产品销售环节的利益。

徐晶[45]（2014）对企业环境责任履行维度进行了设定，结果显示企业积极履行环境责任能够促进利益相关者互利互赢，不但能够对环境效益有所保障，还能够帮助企业自身实现技术创新和提高其资源利用效率，而且能够获得更多的机会去参与竞争，帮助企业提高其经济效率。姜雨峰[46]（2014）通过以绿色创新作为中介变量进行了实证研究，发现绿色创新对企业环境责任和竞争优势相互关系的作用机理和影响方式，研究表明，企业环境责任对企业竞争优势具有正向的推动作用。

（3）观点之三：经济效率与企业环境责任负相关

这种观点实质上是把经济效率与企业环境责任视为抵消关系的一种论点，他们认为企业履行环境责任会阻碍企业经济效率的提高。Bragdon[47]（1972）和 Pasricha[48]（2018）的研究显示，当企业履行环境责任时，相对于没有履行企业环境责任的企业会增加更多的成本，所以，企业履行环境责任，不利于企业经济效率的提高。Aupperle[49]（1985）和 Garde-Sanchez[50]（2018）的研究表明，如果企业把资源分配于履行环境责任行为，相对于不参与或较少参与履行环境责任行为的企业来说，增加了额外的成本和费用，会使该企业处于一个相对的劣势，从而降低其竞争力，企业较高的环境责任可能会损害其经济效率。

Wally[51]（1994）和 Enderwick[52]（2018）的研究显示，政府强制执行的环境约束行为会损害企业的竞争优势，企业经济效率与环境责任是负相关的。企业只是在政府强制的基础上才能够被动地履行环境责任，这么做可能会迫使企业增加成本，企业需要把资源从其余的地方挪用到履行环境责任上，进而制约了企业经济效率的提升。严格的环境约束所获得的环境收益并不能够补偿对企业利益的损害。所以，采取高标准的环境约束会事倍功半。总之，经济效率与企业环境责任相互抵消的观点常常将履行环境责任视为仅仅是为了服从政府的环境约束，实质上是把社会成本转嫁给企业，从而得出一种环境约束行为会导致经济效率与企业环境责任的抵消关系，那些履行环境责任的企业在竞争力上和经济上都处于弱势。

在实证研究方面，Vance[53]（1975）采用 Markowitz 所排列环境责任等级的模型，针对 67 家企业进行抽样，与标准普尔工业指数、道琼斯工业指数和纽约证交指数进行对照，研究结果表明：这些拥有较高环境责任等级的企业，与拥有较低环境责任等级的企业比较，在股票报酬率上却处于相对落后的位置。Ortiz-Avram 等[54]（2018）通过对多个不同行业在履行环境责任方面的支出与这些行业的平均收益进行比较，结果显示：用于履行环境责任方面的支出，只是对企业资源的消耗，并不能够对企业提高收益带来回报。也就是说，在履行环境责任方面的高投入并不能够给企业带来更高的经济效率。

1.2.5 关于环境约束背景下的企业经济效率研究

环境约束的关键在于促使企业能够合理地利用自然资源，减少对环境的污染和破坏，合理利用自然资源就是在企业的生产过程中减少从自然界获取的资源与能源，减少对环境的污染和破坏就是在企业的生产过程中减少向自然环境排放废弃物，所以，环境约束从狭义上讲就是节约资源能源和减少废弃物排放，本书中的环境约束特指节能减排。环境约束下的经济效率在我国的研究经过了几十年的发展，已经取得了很大的成绩，中国的高能耗行业的环境经济效率显著提高[55,56]。张庆芝等[57]（2010）使用 DEA 方法对上市的钢铁企业的能源和水资源消耗及生产效率进行研究，结果显示在现有的生产条件下钢铁企业依然具有较大的节能和节水空间。王姗姗等[58]（2011）使用 DEA-Malmquist 方法对我国 28 个制造行业的面板数据进行研究，结果表明考虑环境约束的中国制造业行业的能源效率整体呈现出稳步增长的趋势。郭文等[59]（2013）依靠改良后的非期望 SBM 模型对我国 39 个工业行业的生态能源效率进行研究，结果显示整体上我国工业行业的能源效率较低，每年的节能空间在 25%～30% 之间，能源效率呈现出波动上升的趋势。段婕[60]（2014）使用超效率 DEA 模型对我国的装备制造企业的环境经济效率进行研究，结果发现我国的装备制造企业总体的环境经济效率呈现上升的趋势，但是各个省份和直辖市之间的差异较大，环境经济效率存在较大的改进潜力。茹蕾等[61]（2015）使用 DEA 方法对广西壮族自治区的制糖企业能源效率进行研究，结果显示不同所有制结构的制糖企业在能源效率上的差异很明显。

1.2.6 对已有研究文献的评述

从已有文献来看，一方面，数据的获取已经被当作了对环境问题进行分析的关键难题，因为缺少企业层面的微观数据，目前关于企业经济效率的研究多从宏观角度出发，对环境约束背景下企业经济效率的研究较少，且主要集中在高耗能企业（钢铁[62,63]、石化[64,65]、煤炭[66,67]、电力[68-71]等）的效率变化。另一方面，目前国内外研究学者在肉羊产业发展的理论和实证研究上取得了不少成果，研究方法和角度也日趋多样化，这为本研究的顺利开展提供了理论上和方法上的借鉴。不过，国外学者关于肉羊屠宰加工的研究多以畜牧业发达的国家做为研究对象，这种研究模式和结论运用到中国具有很大的局限性；另外，国内现有的研究特别是针对肉羊屠宰加工企业的研究多是对现象的描述性分析，大部分集中针对企业发展现状以及羊肉安全生产方面，对肉羊屠宰加工企业的经济效率分析较少，尤其是对肉羊屠宰加工企业的研究还基本还停留在定性分析和描述阶段，缺乏从定量角度对肉羊屠宰加工企业的研究，仍然存在较为明显的不足，具体表现在以下三个方面。

（1）宏观层面的研究，主要集中在对国外经验的总结和宏观层面上的定性分析，对我国肉羊屠宰加工企业现状进行描述性分析，指出目前发展面临的问题，进而提出相应的对策建议，相比较而言，从经济理论上对肉羊产业尤其是肉羊屠宰加工企业的研究缺乏足够的广度和深度。

（2）微观层面的研究，实证分析不足，在研究手段上缺乏严格的计量经济分析和数理模型，大部分采取的是理论研究，未能够对数据和信息的价值进行深入的挖掘和验证；此外，从管理学的角度以企业作为研究对象而开展的实证研究还不多见。

（3）评价指标的选择，关于经济效率的研究大多数还拘泥于传统的投入产出，多以资本的使用作为投入指标，将利润作为产出指标，把企业的经盈活动当作是一种单独的行动，能够将企业的生产活动与环境约束之间联系在一起进行的研究还很少。

基于以上的不足，本书尝试从定量角度出发，运用数据包络分析方法（DEA）对基于环境约束背景下的我国肉羊屠宰加工企业经济效率进行分析。

1.3 研究目标与研究内容

1.3.1 研究目标

本书的最终目的是通过对环境约束背景下我国肉羊屠宰加工企业经济效率及其变化特征的讨论分析，找到束缚我国肉羊屠宰加工企业产业升级与盈利的重要原因，并在此前提下归纳相关的建议，为政府制定有关政策提供依据。

（1）测算不同背景下我国肉羊屠宰加工企业的经济效率，并分析影响企业经济效率的因素。

（2）对不同时间、规模和地域的企业环境经济效率进行分析，找出变化特征。

（3）测算肉羊屠宰加工企业水污染物的影子价格并与排污收费价格进行对比，制定合理的排污费，对排污行为形成有效的监督和约束。

（4）评估环境约束政策对我国肉羊屠宰加工企业经济效率的影响，检验环境约束的"门限效应"。

1.3.2 研究内容

为了完成本书的最终目的，本书重点从下面 7 个部分展开分析和探讨。

第一部分，肉羊屠宰加工企业发展变迁及环境管理现状分析。

回顾中国肉羊屠宰加工企业的发展变迁，并通过调研数据整理出中国肉羊屠宰加工企业的环境管理现状。

第二部分，不同背景下中国肉羊屠宰加工企业经济效率。

根据调研获取到企业生产经营上的经济数据，运用数据包络分析中的 CCR 模型和 BCC 模型对传统背景下、节能背景下和环境约束背景下的中国肉羊屠宰加工企业的经济效率进行分析。

第三部分，中国肉羊屠宰加工企业的经济效率的影响因素分析。

使用 GRA 灰色关联分析找出影响中国肉羊屠宰加工企业经济效率的因素，并使用 Tobit 回归分析找出各影响因素的程度和方向。

第四部分，中国肉羊屠宰加工企业环境经济效率的时空演变。

使用方向性距离函数和 Malmquist 指数，找出中国肉羊屠宰加工企业环境经济效率的时空演变规律和地区收敛特征。

第五部分，中国肉羊屠宰加工企业节能减排技术与减排成本。

总结中国肉羊屠宰加工企业执行节能减排采取的手段和办法；估计肉羊屠宰加工企业排放废水中五种主要污染物的影子价格，然后对政府制定的污染物排污费是否适当展开讨论，对五种污染物影子价格的影响因素展开研究。

第六部分，环境约束政策对肉羊屠宰加工企业环境经济效率的影响。

验证环境约束政策对肉羊屠宰加工企业经济效率的作用，也就是验证环境约束与企业经济效率之间的联系。本书构建了两个环境约束方面的指数，分别是节能指数和减排指数验证环境约束的"门限效应"。

第七部分，结论与政策建议。

根据上面的研究内容和结果，指出达到肉羊屠宰加工企业经济效率提高与环境约束之间和谐发展的途径。

1.4　研究思路与方法

1.4.1　研究思路

本书的研究思路如下：第一步是对前人的研究进行归纳总结，并寻找不足。第二步是从宏观层面了解中国肉羊屠宰加工企业环境管理现状。第三步是基于多重视角分析不同背景下我国肉羊屠宰加工企业的经济效率变化。第四步是找出影响中国肉羊屠宰加工企业经济效率的因素。第五步是梳理中国肉羊屠宰加工企业环境经济效率的时空演变规律和地区收敛特征。第六步是讨论当前肉羊屠宰加工企业的节能减排工艺，估计污染物排放的影子价格，然后对政府制定的污染物排污费制度是不是适当展开讨论，并对五种污染物影子价格的影响因素展开研究。第七步是探讨环境约束政策的执行会不会对肉羊屠宰加工企业经济效率发生作用，是乐观的还是悲观的？环境约束政策如何把握好"度"？第八步是总结之前研究的结论并提出相关建议。本书具体的分析框架见图 1-1。

1.4.2 研究方法

本书在研究过程中将始终坚持理论与实践相结合、规范与实证相联系的研究模式，从管理学和经济学的基本理论出发，综合应用调查研究法、对比研究法、管理学及经济学方法，并以此来构建本书研究的方法理论基础。

调查研究法

调查研究是收集数据信息、掌握经济社会运行实际情况的一种重要方法。本研究组织进行了我国肉羊屠宰加工企业问卷调研，调研范围覆盖全国的 22 个省 122 家肉羊屠宰加工企业，以与企业管理者访谈和实地调研的形式展开，调研内容包括企业的基本情况、生产经营数据、资源和能源使用数据、污染物排放数据和环境管理方面的信息等。

对比研究法

本书采用对比研究法对肉羊屠宰加工企业展开多背景讨论。对不同背景下肉羊屠宰加工企业的经济效率展开比较研究；从时间变化、空间差异和企业规模等方面对肉羊屠宰加工企业的环境经济效率进行对比研究。

管理学及经济学方法

本书利用数据包络分析法（DEA）分析肉羊屠宰加工企业经济效率的变化，运用 GRA 灰色关联分析法对肉羊屠宰加工企业经济效率的影响因素的关联程度进行分析，并使用 Tobit 回归分析法对肉羊屠宰加工企业经济效率的影响因素的程度和方向进行分析。基于 SBM 方向性距离函数和

研究背景与意义 ← 绪论 → 研究思路与路线

国外研究现状 ← 文献综述 → 国内研究现状

发展历程及环境管理现状

发展历程　　　　环境管理　　　　理论分析

不同背景下企业经济效率

数据包络分析

方法与指标　传统背景下　节能背景下　环境约束背景下

灰色关联分析
Tobit回归分析　　　方向性距离函数
Malmquist指数

影响因素分析　　　环境经济效率的时空
演变及地区收敛　　　实证分析

节能减排技术与减排成本

节能减排技术　　　影子价格　　　污染物边际减排成本

环境约束对企业环境经济效率的影响

环境约束指标：减排
指数、节能指数　　门限模型　　　门限效应检验

结论与建议

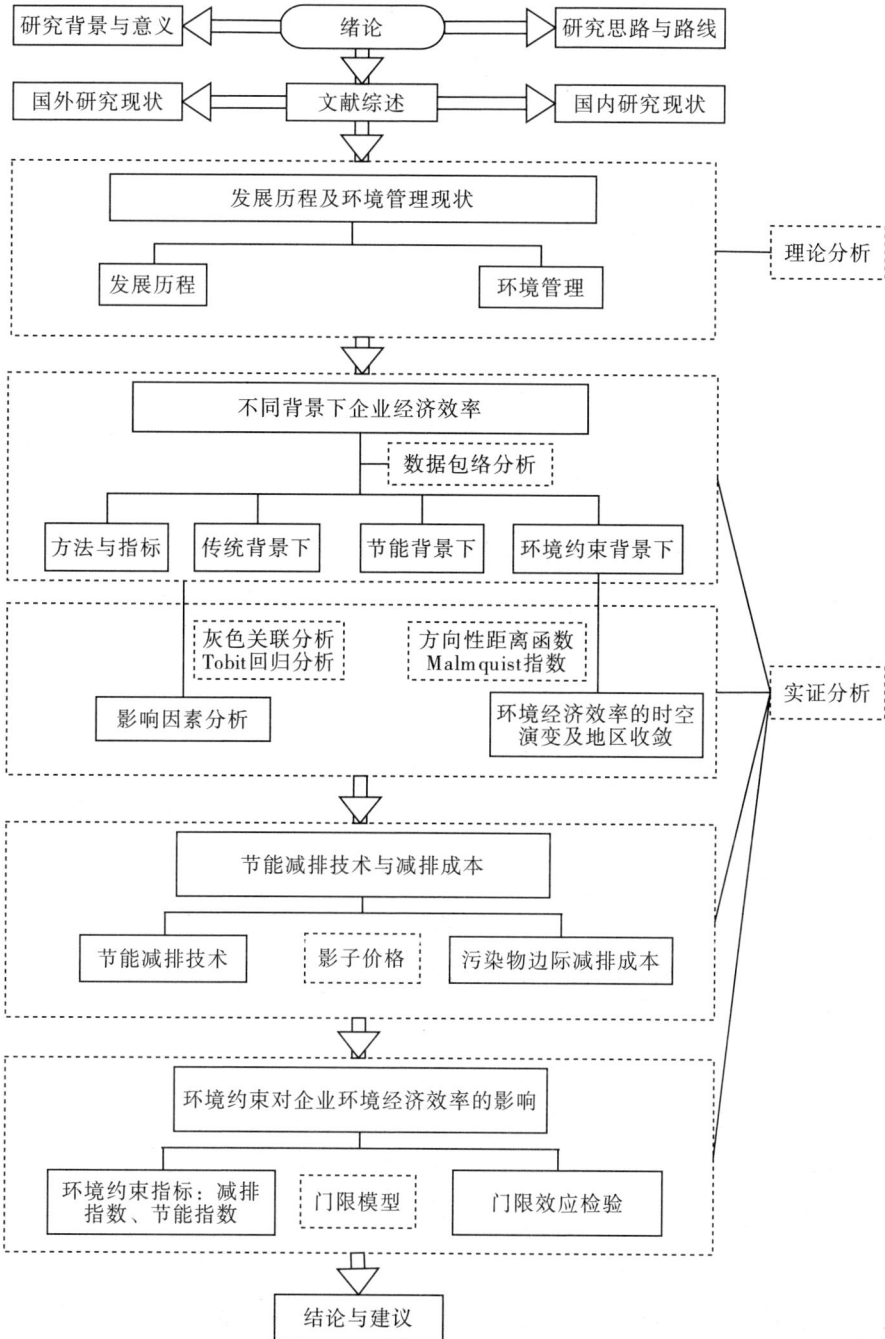

图 1-1　技术路线

Malmquist 指数分析肉羊屠宰加工企业环境经济效率变化时间、空间和规模特征，并基于收敛性检验对肉羊屠宰加工企业环境经济效率进行收敛性分析；运用门限模型检验环境约束对肉羊屠宰加工企业环境经济效率的影响，检验是否存在门限效应。

1.5 研究特色与创新说明

1.5.1 研究特色

本研究着眼于我国肉羊屠宰加工企业发展过程中面临的实际问题，具有很强的实用性；本书主要是采用企业层面的微观数据从实证角度探索我国肉羊屠宰加工企业的经济效率与环境约束之间和谐发展的道路。

1.5.2 创新说明

本书以我国肉羊屠宰加工企业微观经济主体——肉羊屠宰加工企业为研究视角，对肉羊屠宰加工企业的发展与环境约束和谐发展进行研究。本书可能的创新之处有以下四点。

第一，在研究视角上，本书多视角对肉羊屠宰加工企业的经济效率及其变化趋势进行归纳和科学分析。以往的学者在测算企业经济效率时采用资本作为投入指标，把企业的经营当作是一种单独的行动，能够将企业的经营行为和环境约束密切联系在一起进行的研究还很少。但是真实的情况是，企业的经营与环境关系密切，必须要综合对待。本书证实了在节能背景下和环境约束背景下肉羊屠宰加工企业的经济效率与传统研究方法下的企业经济效率有显著的区别，对肉羊屠宰加工企业分析补充了定量方法。

第二，在研究方法上，本书将非期望产出纳入肉羊屠宰加工企业经济效率的测算之中。本书在测量环境约束背景下肉羊屠宰加工企业经济效率即环境经济效率时将企业的非期望产出（废水中的污染物）作为产出指标纳入整个肉羊屠宰加工企业环境经济效率的测算体系中，不但能够丰富企业经济效率测算方法，同时能够在环境保护的大背景下更加直观准确地体现出肉羊屠宰加工企业经济效率的真实情况。

第三，在研究设计上，本书将企业自有指标归入研究模式中，比较企业污染物排放成本和治理成本，为制定合理的排污费价格提供依据。从肉羊屠宰加工企业自身分析污染物边际减排成本，对肉羊屠宰加工企业五种水污染物的边际减排成本进行估计，探讨政府制定的排污费制度是否合理，对肉羊屠宰加工企业的排污行为形成强有力的督促和制约。

第四，在研究数据上，本书的数据来源于实际调研，具备真实客观的原则。本书涉及的 61 家肉羊屠宰加工企业的生产经营数据、资源能源投入数据以及污染物排放数据均通过笔者及其团队在肉羊屠宰加工企业进行实地调研和测量获取，数据真实可靠，为科学、准确地体现出我国肉羊屠宰加工企业的经济效率提供了坚实的数据基础。

第2章　肉羊屠宰加工企业发展变迁及环境管理现状分析

　　羊肉是全世界最普遍的肉品之一，中华人民共和国成立以后，我国的肉羊产业得到了迅速的发展，肉羊产业在满足居民消费需求、促进农牧民增收、维持民族地区社会和谐和政治稳定上具有不可替代的作用。发展肉羊产业不但有利于农牧民维持生计，而且还可以增加大量的就业机会，是我国西部地区尤其是西北地区很多地方脱贫致富最直接、最有效的途径。随着经济的快速发展、城镇化进程加快和人民生活水平的提高，我国居民对高蛋白、低脂肪类的羊肉产品的消费需求稳步提升。

　　从表2-1所示的我国羊肉相关统计量可以看出，2017年我国羊肉产量达到471.1万吨，比2006年的363.8万吨增长了29.49%。羊的出栏量从2006年的24 734万只增加到了2017年的31 869.3万只，增长了28.85%，羊的存栏量由2006年的28 309万只增加到了2017年的30 231.7万只，增长了6.79%，平均每只羊的产肉量从2006年的14.2千克增加到了2017年的14.9千克。

表2-1　2006—2017年我国羊肉相关统计量的变化

年份	羊肉产量（万吨）	出栏量（万只）	存栏量（万只）	每只产肉量（千克/只）
2006	363.8	24 734	28 309	14.2
2007	382.6	25 571	28 565	15.0
2008	380.3	26 172	28 085	14.5
2009	389.4	26 588	28 452	14.6
2010	398.9	27 220	28 088	14.7
2011	393.1	26 662	28 236	14.8
2012	401.0	27 099.6	28 504.1	14.8

（续）

年份	羊肉产量（万吨）	出栏量（万只）	存栏量（万只）	每只产肉量（千克/只）
2013	408.1	27 586.8	29 036.3	14.8
2014	428.2	28 741.6	30 314.9	14.9
2015	440.8	29 472.8	31 174.3	14.8
2016	459.4	30 694.6	29 930.5	15.0
2017	471.1	31 869.3	30 231.7	14.9

数据来源：《中国农村统计年鉴》《中国统计年鉴》。

从表 2-1 中，我们可以看出我国的羊肉产量从 2006 年到 2017 年处于振动上升的阶段，2008 年和 2011 年出现了下降的情况，其余年份普遍处于上升阶段。最低值出现在 2006 年，最高值出现在 2017 年。

肉羊的出栏量从 2006 年到 2017 也是处于振动上升的阶段，只有 2011 年出现了下降的情况，其余年份均处于上升阶段。最低值出现在 2006 年，最高值出现在 2017 年。

肉羊的存栏量从 2006 年到 2017 年处于振动上升的阶段，2008 年、2010 年和 2016 年出现了下降的情况，其余年份都处于上升阶段。最低值出现在 2008 年，最高值出现在 2015 年。

每只肉羊产肉量从 2006 年到 2017 年处于振动恢复的阶段，2008 年、2015 年和 2017 年出现了下降的情况，其余年份处于普遍上升阶段，但基本围绕 14.2～15.0 千克振动。最低值出现在 2006 年，最高值出现在 2007 年和 2016 年。

本章首先对我国肉羊屠宰加工企业的发展变迁进行介绍，然后根据大规模的调研问卷分析我国肉羊屠宰加工企业环境管理现状。

2.1　肉羊屠宰加工企业发展变迁

要了解肉羊屠宰加工企业，首先我们要了解整个肉羊产业链。从图 2-1 所示的肉羊产业链我们可以看出，整个肉羊产业链包括四个主要环节，分别是肉羊养殖的准备环节、肉羊养殖环节、肉羊屠宰加工环节和羊肉产品销售环节。肉羊养殖准备环节包括饲料加工、肉羊繁育和兽药生产，其中饲料加工又可以向前延伸到添加剂生产、饲料设备生产和饲料用材料的种植等。

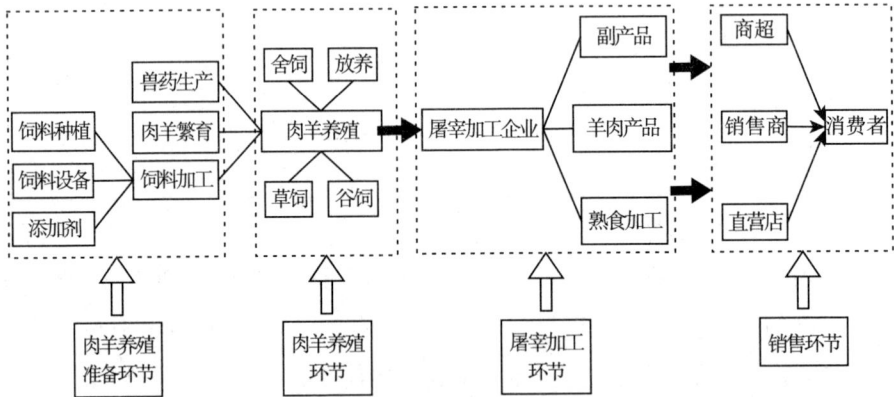

图 2-1　肉羊产业链

　　肉羊屠宰加工企业是肉羊产业链中连接肉羊养殖及羊肉产品销售的重要环节，也是整个肉羊产业链中资本最雄厚、技术最先进、管理最科学的环节。为了追求更大的利益，肉羊屠宰加工企业最有动力和能力控制整个肉羊产业链，将企业的经营向前延伸到肉羊养殖阶段，直接参与肉羊养殖当中，成为肉羊养殖的核心和控制器，从而促进现代肉羊产业链的形成。对以肉羊屠宰加工企业为核心的肉羊产业链的研究，一方面能够帮助处于产业链核心位置的肉羊屠宰加工企业更好地控制原料肉羊的供给，包括供给的数量和质量[72]；另一方面还能更好地降低肉羊产业链的养殖成本，提高肉羊屠宰加工企业乃至整个肉羊产业链的效率[73]。

　　肉羊屠宰加工处于整个肉羊产业链的核心位置[74]，但是其发展受到肉羊产业链上游和下游，即肉羊养殖和羊肉消费两方面的约束[75]，肉羊养殖成本与羊肉产品价格的变化，对肉羊屠宰加工企业的发展形成了巨大挑战[76]。在中国加入 WTO 之前，由于我国肉羊的养殖成本较低，虽然与发达国家羊肉产品相比在质量上有所欠缺，但是在价格上占据一定优势[77]。加入 WTO 之后，虽然我国的肉羊屠宰加工企业不断地更新生产设备、优化生产工艺、提高生产技术，使得国产的羊肉产品质量有所提高，逐渐接近了肉羊产业发达国家的羊肉产品品质。但是，随着农业资源成本持续增加不断抬升肉羊养殖成本，我国的羊肉产品在成本和价格上的优势逐渐消失，近年来羊肉进口量呈不断增加趋势[78]。随着国外羊肉产品对国内羊肉市场的不断冲击[79]，首当其冲受到影响的是肉羊屠宰加工企业[80]。

中华人民共和国成立初期，肉羊屠宰加工企业（前身叫肉联厂或屠宰场）的屠宰方式基本都是手工操作，"一人一把刀"进行屠宰；改革开放初期，通过技术革新，先后试制成功了麻电机、悬挂运输机、摇烫机、剥皮机、桥式劈半机、打毛机、分割肉分段机、输送机等。在此期间，大中型肉羊屠宰加工企业大都采用了屠宰加工自动轨道流水生产线，基本实现了机械化生产。20世纪90年代后期，伴随着技术改造和装备更新，肉羊屠宰加工生产线初具规模，三点式致昏、中空放血、蒸汽烫毛、脱毛、冷却、称重、规格分割等设备出现。肉羊屠宰加工的生产能力、生产规模、技术装备水平逐渐接近国际水平。近年来，随着肉类冷加工等成套技术与装备实现了重大跨越，肉羊屠宰加工进入了新纪元。

肉羊屠宰加工企业可以按不同的划分方法将其划分为多种类型，本书根据其服务市场的不同将肉羊屠宰加工企业分为三类：

第一类，小微型肉羊屠宰加工企业。这些企业一般规模较小，资本欠缺，抵御市场变化的能力相对较弱，企业的羊肉产品主要是在当地的中小城市和农贸市场进行销售，消费者的消费能力有限，对羊肉产品的需求层次相对较低，这些羊肉产品属于无附加值的初加工产品。养殖户散养的肉羊正好符合了这些企业对原料肉羊低品质、低价格的要求。如果这些企业为了提升羊肉产品的质量而选择与养殖企业进行合作，这样做在提升产品质量的同时也提高了企业的原料成本，另外，高质量的产品需要开拓高消费能力的市场群体，这就提高了企业的销售成本，从而导致企业效率的降低。如果企业运营得当，随着企业逐步占据消费市场，企业效率降低的局面会得到扭转。反之，这些企业将会被市场淘汰。

第二类，中型肉羊屠宰加工企业。一方面，这些企业规模相对较大，具备一定的资本实力，抵御市场变化的能力较强，企业的羊肉产品主要是在当地的大城市和超市进行销售，消费者具备一定的消费能力，对羊肉产品的需求层次相对较高，这些羊肉产品属于低附加值的中加工产品。养殖户散养的肉羊难以满足这些企业对原料肉羊较高品质的要求。另一方面，企业还没有足够的实力自建肉羊养殖基地，而与肉羊养殖企业进行合作既可以提供符合企业生产要求的较高品质的肉羊，又可以降低自建肉羊养殖基地带来的风险。对于那些自建肉羊养殖基地的企业来说，基本上投入了企业全部的流动资金进行基地建设。如果这些企业具备科学的管理能力、规划能力和协调能力，能够灵活面对资金压力，同时具备较强的市场开拓能力，那么这些企业将会成长为下一批的肉羊屠宰加工大型企业。反之，如果不能尽快打开高端市场和回流资金，一旦企业的资金链断裂，这些企业将会被淘汰。

第三类，大型肉羊屠宰加工企业。这些企业规模大，属于肉羊屠宰加工龙头企业，具备较强的资本实力，抵御市场变化的能力强，企业的羊肉产品主要是在北京、上海、广州等国内一线城市和大型连锁超市进行销售，消费者的消费水平高，对羊肉产品的需求层次高，这些羊肉产品属于高附加值的深加工产品。这些企业建设肉羊养殖基地，虽然投入较大，但是养殖基地的建设既可以提高对原料肉羊的数量和质量的控制力度，又可以降低原料肉羊的获取成本，属于一次投入，终身获利的行为。市场化程度越来越高，消费者对羊肉产品的质量要求也会越来越高，只有符合企业需求的高品质原料肉羊才能生产出高品质的羊肉产品。

羊肉产品销售终端包含多种多样的形态，从散布的普遍性的视角来说，可以分为以下四类：批发、零售、代售和直营。

批发是以批发市场销售为主要形式，它重点分布在大中型城市，在一线城市通常开设 4～5 个规模较大的肉类批发市场，在二线城市通常开设 3～4 个规模较大的肉类批发市场，在三线城市通常开设 2～3 个规模较大的肉类批发市场，在中小型城市通常开设 1～2 个规模较大的肉类批发市场。这些批发市场所经营的羊肉产品往往是初加工产品，基本都来源于本地的肉羊屠宰加工企业，具备市场价格较低的优点，主要的消费群体是饭店、宾馆、食堂和零售从业者。

零售是以农贸市场和超市销售为主要表现形式，其中农贸市场也是散布最广的经营形式。全国各地大小不一的农贸市场星罗棋布，所出售的羊肉产品基本都是从批发市场购买，因此其经营的羊肉产品也是初加工产品，虽然价格略高于批发市场，但是可以分散出售，便于消费者购买，主要的消费群体是农村居民和城市中的低收入群体。超市属于新兴零售业的代表形式，已然形成为羊肉产品销售的关键途径。超市售卖的羊肉产品往往是品牌羊肉产品，其品质和呈现出来的视觉表现大大优于农贸市场，这些羊肉产品的售价也会超过农贸市场。尽管超市的涌现对高品质的羊肉可以更好地被消费者接受有着关键影响，然而真实情况却是，国内的羊肉产品销售终端异常火爆，对产品售价特别敏锐；超市的羊肉储藏量不大，经过超市出售给消费者的羊肉产品的量仍然十分少，主要的消费群体是城市中的中等收入群体。

品牌羊肉产品直营店销售是最近涌现的一种零售形式，实力雄厚的肉羊屠宰加工企业在人流量大的区域开设属于自己的品牌羊肉产品直营店，直营店存在两种设立方式：自营和加盟。品牌羊肉产品直营店销售的羊肉产品来源于大型屠宰加工企业，品质较高同时售价较贵，主要消费群体是城市中的高收入群体。

2.2　肉羊屠宰加工企业环境管理现状分析

2.2.1　方法选择

层次分析法（AHP）是把与决策有关的因素分化为目标、准则和方案三个层次，然后展开定性和定量研究的一种手段。这种手段是美国运筹学家萨蒂教授在 20 世纪 70 年代初，最先使用的一种层次权重决策研究理论。层次分析法用途普遍，被各个学科采用，结合肉羊屠宰加工企业自身的特点，我们选择使用层次分析法对指标体系的权重进行赋值。对指标进行标度，我们将采取 Saaty 的 1～9 标度法。同时，我们使用企业的实际数据带入指标体系，测算出企业的环境管理水平。

2.2.2　评价指标的确定

为了能够客观真实地反映出我国肉羊屠宰加工企业的环境管理现状，笔者走访了内蒙古、河南和甘肃 3 个省（区）的 13 家比较成熟稳定的肉羊屠宰加工企业，这些企业成立时间在 5 年以上，企业的利润增幅超过了当地的 GDP 增幅，基于这 13 家成功企业的共同点，结合肉羊屠宰加工企业自身的特点，构建了肉羊屠宰加工企业环境管理水平指标体系[81]，如表 2 - 2 所示。

表 2-2 肉羊屠宰加工企业环境管理水平指标体系

目标层	准则层	指标层
环境管理水平 A	组织管理 $B_1$0.413 4	环境管理部门设置 $C_1$0.201 3
		环评报告发布 $C_2$0.077 2
		环保相关制度制定 $C_3$0.099 9
		环境事故应急预案制定 $C_4$0.035 0
	生产准备 $B_2$0.179 1	设备采购是否考虑能耗 $C_5$0.095 1
		原材料采购是否考虑生态标准 $C_6$0.084 0
	能耗管理 $B_3$0.204 0	节能措施及技术 $C_7$0.111 3
		节水措施及技术 $C_8$0.092 7
	污染管理 $B_4$0.203 4	废气管理 $C_9$0.033 1
		废水管理 C_{10}0.044 0
		废渣管理 C_{11}0.053 3
		回收利用 C_{12}0.073 0

2.2.3 指标赋值

根据指标对应选项数的不同，其赋值方式也不一样，从合理到不合理逐层递减，具体如表 2-3 所示。

表 2-3 指标赋值

对应选项数	5	4	3	2
赋值	1, 0.75, 0.5, 0.25, 0	1, 0.6, 0.3, 0	1, 0.5, 0	1, 0

2.2.4 权重设定

本书选择了环境方面的 5 位专家进行排序打分，采用层次分析法确定的重要性之后进行一致性检验如表 2-4 所示，各系统判断矩阵的一致性指标和均小于 0.1，所以认为判断矩阵的一致性可以接受。通过计算，整个模型的权重如表 2-4 所示。

表 2-4　判断矩阵一致性检验

判断系统	λ_{max}	CI	CR
$A-B$	4.008 8	0.008 8	0.009 8
B_1-C_{1-4}	4.004 2	0.004 2	0.004 6
B_4-C_{9-12}	4.004 2	0.004 2	0.004 7

2.2.5　评价计算

肉羊屠宰加工企业环境管理水平 $A=\sum S_i W_i$，S_i 表示其在第 i 项指标的得分，W_i 表示其权重。我们根据得分将肉羊屠宰加工企业的环境管理水平分为五类，如表 2-5 所示。

表 2-5　肉羊屠宰加工企业环境管理类型

序号	发展阶段	得分区间	企业特征
1	卓越者	0.8分以上	具备了系统的环境管理水平，是肉羊屠宰加工企业环境管理的卓越领导者
2	领先者	0.6~0.8分	逐步建立系统的环境管理体系，是肉羊屠宰加工企业环境管理的先行者
3	追赶者	0.4~0.6分	推进系统的环境管理体系建设，是肉羊屠宰加工企业环境管理的追赶者
4	起步者	0.2~0.4分	尚未建立系统的环境管理体系，与领先者和追赶者有较大差距
5	旁观者	0.2分以下	完全不考虑环境管理

2.2.6　问卷调研

根据肉羊屠宰加工企业环境管理水平指标体系，我们设计了肉羊屠宰加工企业环境管理水平调研问卷，在 2015 年对全国范围内的肉羊屠宰加工企业进行问卷调研，共发放问卷 213 份，收回问卷 154 份，其中有效问卷 122 份，问卷来自全国 22 个省市自治区，具体分布如表 2-6 所示。

表 2-6　企业环境管理水平调研地区分布

地区	调研企业数量	比例（%）	地区	调研企业数量	比例（%）
安徽	2	1.64	辽宁	9	7.38
甘肃	8	6.56	内蒙古	22	18.03

（续）

地区	调研企业数量	比例（％）	地区	调研企业数量	比例（％）
广西	4	3.28	宁夏	11	9.02
河北	3	2.46	青海	4	3.28
河南	9	7.38	山东	3	2.46
黑龙江	3	2.46	山西	1	0.82
湖北	4	3.28	陕西	7	5.74
湖南	2	1.64	四川	6	4.92
吉林	3	2.46	新疆	5	4.10
江苏	2	1.64	云南	3	2.46
江西	3	2.46	重庆	8	6.56

2.2.7　结果分析

经过计算，得出以下结论。我国肉羊屠宰加工企业环境管理水平总体不高，被调研企业中，只有8％的企业得分超过了0.8分，13％的企业得分在0.6～0.8分之间，45％的企业得分在0.4～0.6分之间，32％的企业得分在0.2～0.4之间，2％的企业得分在0.2分以下，有些企业的得分几乎接近于0分。

环境管理混乱，生产准备阶段重视环保程度不够，节能节水技术落后措施少，废弃物任意排放，回收利用率极低，环境应急管理真空。被调研企业中，仅有24％的企业设置了专门的环境管理部门，11％的企业发不了环评报告，39％的企业制订了环保相关规定；57％的企业在购置生产设备时不会把能耗作为重要指标，67％的企业在原材料采购时不会把生态标准作为重要指标；93％的企业不使用节能节水技术，27％的企业使用2种及以上的节能节水措施；99％的企业对废气不进行处理，70％的企业对废水不进行处理，60％的企业对废渣不进行处理，只有11％的企业会对废弃物进行回收利用；几乎100％的企业没有制定环境事故应急预案，只有8％的企业组织过环境事故应急演练。

2.3　本章小结

本章首先介绍中国肉羊屠宰加工企业的发展变迁，然后根据大规模的调研问卷分析了我国肉羊屠宰加工企业环境管理现状。结果发现我国肉羊屠宰加工企业环境管理能力总体水平不高，环境管理混乱，生产准备阶段重视环保程度不够，节能节水技术落后、措施少，废弃物任意排放，回收利用率极低，环境应急管理真空。

第 3 章　肉羊屠宰加工企业
经济效率分析

经济学的一个重要议题就是如何能够最优化地利用手中有限的资源去获取最大的利益。经济学认为在不使其他人收益减少的前提下，设法增进任何人的利益，那么这项经济活动就是有效率的。对肉羊屠宰加工企业而言，在与其他企业竞争的时候，企业之间的原材料投入、生产设备和技术工艺水平几乎完全相同的前提下，如何能够获取最大的利益呢？毫无疑问就是提高企业的经济效率，对手中有限的资源进行最有效的优化配置。

为了明确我国肉羊屠宰加工企业的实际经济效率情况，本章将按照不同背景下采用不同的投入产出指标，使用 DEA 数据包络分析模型测算企业的经济效率。第一小节要确定对肉羊屠宰加工企业经济效率分析的方法、对指标的选取情况以及数据的获取进行描述；第二小节对传统背景下的企业经济效率进行测算；第三小节对节能背景下企业的经济效率进行测算；第四小节对环境约束背景下企业的经济效率进行测算；第五小节是对不同背景下企业经济效率的比较分析。

3.1　肉羊屠宰加工企业经济效率分析的方法、指标与数据

为了能够对我国肉羊屠宰加工企业的经济效率进行客观描述，需要选取准确恰当的方法、指标和数据。本节为了能够明确本书的研究对象，首先就需要对书中出现的概念进行界定，接下来对已有研究采取的方法进行总结，对评价企业经济效率时选取的测算指标进行归纳，然后根据肉羊屠宰加工企业的特点结合前人的研究确定本研究要选取的测算方法和指标，最后是对本书数据的来源进行说明。

3.1.1　概念界定

为了明确本书的研究对象，下面对书中出现的概念进行界定。

传统经济效率：是指在传统背景下根据企业投入的成本和产出的净利润计算出来的企业经济效率。

资源与能源经济效率：是指在节能背景下根据企业投入的资源及能源成本和产出的净利润计算出来的企业经济效率。

环境经济效率：是指在环境约束背景下根据企业投入的资源及能源成本和产出的净利润及非期望产出计算出来的企业经济效率。

纯技术效率：是制度和管理水平带来的效率；是企业由于管理和技术等因素影响的生产效率。

规模效率：是指在制度和管理水平一定的前提下，现有规模与最优规模之间的差异。规模效率是由于企业规模因素影响的生产效率，反映的是实际规模与最优生产规模的差距。

3.1.2　肉羊屠宰加工企业经济效率分析的方法选择

现在有许多评估企业经济效率的手段，经过架构多因素函数方程式框架评估研究样本的效率程度。如果想要更好地完成评估目标，就需要依靠某些规范选取评估手段。根据研究对象的区别，目前最常用的经济效率评估手段是：主成分分析法、因子分析法、BP 神经网络分析法、模糊综合评判法、数据包络分析法等，每种方法在各自领域进行评价都具备自身优势[82]。下面将对各类方法进行简要的介绍和分析。

（1）主成分分析法（PCA）是将多因素的难题减少到少量概括因素的多元统计研究手段，往往呈现出最初因素的线性组合，主要手段是降低维度[83]。其数学原理可以表示为：假设存在 m 个样本，每个样本有 q 项指标：X_1，X_2，$\cdots$，X_q，可以得出如下的矩阵：

$$X = \begin{bmatrix} X_{11} & X_{12} & \cdots & X_{1q} \\ X_{21} & X_{22} & \cdots & X_{2q} \\ \vdots & \vdots & \ddots & \vdots \\ X_{m1} & X_{m2} & \cdots & X_{mq} \end{bmatrix} \qquad (3-1)$$

令 $a_i = (a_{1i}, a_{2i}, \cdots, a_{qi})^T (i=1, 2, \cdots, q)$ 是 q 个常数向量，那么 X 的 q 个指标向量进行线性组合如下：

$$F_i = a_{1i}X_1 + a_{2i}X_2 + \cdots + a_{qi}X_q \qquad (3-2)$$

F_i 的方差 $VAR(F_i)$ 越小，则说明 F_i 所容纳的 X_1，X_2，$\cdots$，X_q 里面的信息量越少。往往要求全部 a_i 具备特定标度：

$$a_i^T a_i = 1 \qquad (3-3)$$

把 F_i 当作主成分，初始元素矩阵的特征值即主成分方差的贡献，任何主成分的组合系数 $a_i^T = (a_{1i}, a_{2i}, \cdots, a_{qi})$ 为特征值 λ 相应的特征向量。方差的贡献率为：

$$c_i = \lambda_i \Big/ \sum_{i=1}^{q} \lambda_i \qquad (3-4)$$

c_i 越小，表明主成分响应综合信息的水平越弱。

因此我们可以获取的综合能力为：

$$F = (W_1 F_1 + W_2 F_2 + \cdots + W_i F_i) \Big/ \sum_{i=1}^{q} W_i \qquad (3-5)$$

$$W_i = c_i = \lambda_i \Big/ \sum_{i=1}^{q} \lambda_i$$

（2）因子分析法是主成分分析法的关键推行和实施，然而它对困难的分析愈发彻底、愈加周密。因子分析是探讨变量的联系，寻找可以将初始变量归纳为少量因子的办法，少量因子可以表达出初始变量几乎全部的信息含义，接下来将初始变量按照相关性的强弱进行划分。因子分析法与主成分分析法相比较的优势在于：当对主成分和初始变量的联系展开论述时，假若主成分的作用不明晰和难以说明，主成分分析法找不到更优的修正方式，而因子分析法却能够使用"因子回旋（Factor Rotation）"的手段，能够使研究结论实现便于说明以及特别适当的企图。因子分析法的数学原理是：因子分析法在数学上的处置是把初始的 n 个变量转化成 l 个因子的线性组合变量。令 n 个初始变量是 x_1，x_2，$\cdots$，x_n，需要探索的 l 个因子（$l<n$）是 f_1，f_2，$\cdots$，f_l，主成分和初始变量的联系能够表达成：

$$\begin{cases} x_1 = \beta_{11}f_1 + \beta_{12}f_2 + \cdots + \beta_{1l}f_l + \varepsilon_1 \\ x_2 = \beta_{21}f_1 + \beta_{22}f_2 + \cdots + \beta_{2l}f_l + \varepsilon_2 \\ \qquad\qquad\qquad \vdots \\ x_p = \beta_{n1}f_1 + \beta_{n2}f_2 + \cdots + \beta_{nl}f_l + \varepsilon_n \end{cases} \qquad (3-6)$$

式（3-6）中，系数 β_{ij} 形容第 i 个变量与第 j 个因子的线性相关系数，表示变量与因子的相关水平，亦叫载荷。β_{ij} 的绝对值大小说明 x_i 与 f_i 相关水平的严紧性（$|\beta_{ij}| \leqslant 1$），绝对值越小，表示 x_i 与 f_i 的相关水平越松散。因为因子表现在初始变量与因子的线性组合中，所以亦叫作公因子，ε 代表特殊因子，表示公因子之外的影响因素。

矩阵能够归纳成：$X = AF + \varepsilon$，其中 $X = (x_1, x_2, \cdots, x_n)^T$ 说明看到的真实变量向量；$F = (f_1, f_2, \cdots, f_l)^T$ 说明公共因子向量；$\varepsilon = (\varepsilon_1, \varepsilon_2, \cdots, \varepsilon_n)^T$ 说明特殊因子向量；$A = \begin{bmatrix} \beta_{11} & \cdots & \beta_{1l} \\ \vdots & \ddots & \vdots \\ \beta_{n1} & \cdots & \beta_{nl} \end{bmatrix}$ 说明因子载荷矩阵。

（3）BP 神经网络分析法，这种方法的主要思路是依照偏差，逆向调节权重，达到方差最小[84]。它的数学原理是：惯用的影响函数即 Sigmoid 函数：

$$f(x) = 1/(1 + e^{-x})$$

正常情形下能够依照如下的函数测算得到：

$$n_h = \sqrt{n_i + n_t} + i$$

n_i 表示输入层神经元数量；n_t 表示输出层神经元数量；n_h 表示隐含层神经元数量；i 为 $[1, 10]$ 的自然数。

（4）模糊综合评判法（FCA）的主要思路是第一步形成困难的目的集和评判集，然后区分判断附属程度向量；接下来在单目的评价的前提下，经过模糊映射获得多目的评比的值[85]。其主要程序为：

①判断评判目标的评语指标

$$s = \{s_1, s_2, \cdots, s_q\} \tag{3-7}$$

②判断评语指标层次

$$t = \{t_1, t_2, \cdots, t_n\} \tag{3-8}$$

n 表示 3~7 的自然数。

③构架模糊联系矩阵 R

对待评判对象的指标 $s_l(l=1, 2, \cdots, q)$ 挨个实行标准化，也就是评判对象对各层次模糊子集的附属程度（$R \mid s_l$），全部因素的附属度能够依照式（3-9）测算获取：

$$R = \begin{bmatrix} R \mid s_1 \\ R \mid s_2 \\ \vdots \ \vdots \\ R \mid s_q \end{bmatrix} = \begin{bmatrix} r_{11} & r_{12} & \cdots & r_{1n} \\ r_{12} & r_{22} & \cdots & r_{2n} \\ \vdots & \vdots & \ddots & \vdots \\ r_{q1} & r_{q2} & \cdots & r_{qn} \end{bmatrix} \qquad (3-9)$$

待评判事物由指标 s_l 对 t_l 层次模糊子集的附属度用 r_{lj} 来显示。模糊向量 $\{R \mid u_i\} = \{r_{i1}, r_{i2}, \cdots, r_{im}\}$ 用来表示某个指标待评判事物的体现。

④判断指标的权重集合

$$B = \{b_1, b_2, \cdots, b_n\} \qquad (3-10)$$

式（3-10）中，$b_l \in [0, 1]$ 和 $\sum_{l=1}^{m} b_l = 1$

⑤获取模糊综合评判结果向量

$$b_t R = (b_1, b_2, \cdots, b_q) \begin{bmatrix} r_{11} & r_{12} & \cdots & r_{1n} \\ r_{12} & r_{22} & \cdots & r_{2n} \\ \vdots & \vdots & \ddots & \vdots \\ r_{q1} & r_{q2} & \cdots & r_{qn} \end{bmatrix} = (c_1, c_2, \cdots, c_q) = C$$

$$(3-11)$$

c_l 表明在全局待评判对象对层次模糊子集的附属程度。

⑥讨论模糊综合评判结果向量

评判结果能够体现出模糊向量，并非获取综合评判值。假如需要展开排列顺序，能够采取模糊向量单值化手段和加权平均法则把评判结果向量归纳为数值[86]。

（5）本书采用数据包络分析法（Data Envelopment Analysis，DEA）测算中国肉羊屠宰加工企业的经济效率，对肉羊屠宰加工企业投入和产出组成的多个决策单元展开经济效率评判，本书运用两个评判模型，分别是 CCR模型和 BCC 模型。CCR 是 DEA 最根本的评判模型，BCC 模型能够对 CCR模型的分析结论展开更加深入的探讨，两个模型综合运用能够对研究对象展开更为深入的讨论。

CCR 模型评判原理：

$$\theta^* = \min\Big[\theta - \varepsilon\big(\sum_{i=1}^{p}s_i^- + \sum_{r=1}^{q}s_r^+\big)\Big] \text{s. t.} \begin{cases} \sum_{j=1}^{n}\lambda_j X_j + s^- = \theta X_{jo} \\ \sum_{j=1}^{n}\lambda_j Y_j - s^+ = Y_{jo} \\ \lambda_j \geqslant 0, j = 1,2,\cdots,n \\ s^- \geqslant 0, s^+ \geqslant 0 \end{cases}$$

BCC 模型评判原理：

$$\sigma^* = \min\big[\sigma - \varepsilon(e_m^{\mathrm{T}}s^- + e_s^{\mathrm{T}}s^+)\big] \text{s. t.} \begin{cases} \sum_{j=1}^{n}\lambda_j X_j + s^- = \sigma X_{jo}, \\ \sum_{j=1}^{n}\lambda_j Y_j - s^+ = Y_{jo}, \\ \sum_{j=1}^{n}\lambda_j = 1, \\ \lambda_j \geqslant 0, s^- \geqslant 0, s^+ \geqslant 0, j = 1,2,\cdots,n \end{cases}$$

其中，ε 为非阿基米德无穷小量；s^- 和 s^+ 为松弛变量，分别代表投入过多和产出过少；θ 代表效率值；σ 代表纯技术效率值；θ/σ 代表规模效率值；X_j 和 Y_j 代表投入和产出向量；λ 为有效决策单元中的聚合权重。

3.1.3　肉羊屠宰加工企业经济效率分析的指标选取

企业的投入和产出指标有很多种，如何选取经济效率测算指标才能真正反映出企业的实际情况呢？为了能够准确反映出经济效率测算指标选取的变化情况，我们选取 2008 年以来关于企业经济效率的相关研究进行评述，如表 3-1 所示。

遵循全面性、代表性、科学性、前瞻性、综合性、可行性、避免指标间较强相关性、可操作性、数据容易获取的原则，结合样本企业的实际情况。运用 DEA 模型展开分析评判的关键在于评判指标的选择，指标选择合适与否能够严重干扰模型计算结果的精确性。

纵观企业经济效率的研究过程我们可以看出，在前期的研究中，很多学者使用的投入产出指标就是企业的生产经营数据，我们称之为传统背景下企业的经济效率；在中期的研究中，部分学者将资源和能源投入从中分离出来

表 3-1 近 10 年的研究中经济效率指标选取情况

作者	研究对象	投入指标	产出指标
王茜[87] (2008)	农业产业化龙头上市企业	年末总资产、营业成本、年末企业在职人数	营业收入、营业利润
赵曼[88] (2009)	中国农业上市公司	净资产、固定资产、流动资产、固定资产净值、主营业务成本、三大费用、劳动力	利税总额
管延德[89] (2011)	中国农业上市公司	营业成本、总资产、管理费用	主营业务收入、净利润
姜会明、王振华[90] (2012)	吉林省农产品加工企业	固定资产、职工人数	销售收入、净利润
季凯文、孔凡斌[91] (2014)	中国农业上市生物公司	固定资产净值、从业人员	营业收入
张庆庆[92] (2014)	湖北省食用菌加工企业	员工总数（劳动力投入）、原材料购入成本（生产资本投入）、固定资产投入、研发费用	销售额、净利润
姚晓芳、胡思文[93] (2014)	安徽省高端装备制造上市企业	固定资产、营业成本	净利率、营业收入
袁斌等[94] (2015)	南京市农业龙头企业	固定资产、职工人数、科研投入、原材料投入	带动农户增收总额、销售收入、净利润
卢奇等[95] (2016)	上市煤炭企业	资产总数、主营业务成本	利润总额、主营业务收入
谭昭辉[96] (2015)	茶叶加工企业	注册资本、固定资产规模、茶园投产面积、劳动力数量、相关可变成本	总产值
王铁等[97] (2014)	甘肃农业龙头企业	总资产、主营业务成本、年末技术人员数	主营业务收入、净利润
杜春丽[98] (2011)	钢铁企业	水资源用量、能源用量、资本总额	废水（气、渣）排放量、SO_2 排放量、工业增加值、利润总额
张南[99] (2013)	涉农上市企业	总资产、营业成本、从业人员人数	营业收入、净利润
王同庆、杨蕙薪[100] (2012)	山东工业企业	资本合计、从业人员人数	工业增加值、工业总产值
张园园等[101] (2012)	生猪饲养规模企业	仔猪进价、饲料费用、人工成本	主产品产值、副产品产值
肖红安、张啸言[102] (2011)	花木企业	企业职工人数、企业种植面积、成本投入	销售收入、年利润

（续）

作者	研究对象	投入指标	产出指标
马艳艳[103]（2015）	宁夏乳制品加工企业	固定资产、企业员工、原料奶收购量	乳制品产量、销售收入
雷珍·姜喜军[104]（2015）	食品加工制造企业	每股收益、工资福利率、销售现金比率、应付款项周转率、所得税占利润比例、流动比率、公益事业贡献率、环境及	总资产报酬率
杨力等[105]（2011）	煤炭企业	员工总数、销售费用、管理费用、财务费用	主营业务入、利润总额
张明林·杨辉玲[106]（2014）	江西绿色食品农业龙头企业	企业员工数、固定资产、基地面积	主营业务收入、税后利润
王丽明[107]（2015）	农业龙头企业	劳动力工资总额、资产总额、原材料采购值	销售收入
张国志[108]（2016）	上市中资企业	营业成本、研发费用、资产规模、员工总人数	营业收入、净利润、销售毛利率
宋晓华等[109]（2018）	风电上市公司	劳动投入、资本投入	获利能力、发展能力
郑晓晓等[110]（2017）	北京市建筑企业	劳动力投入、资本投入、技术投入、能源投入	利润及税收、产值
蔡晓春·刘晶晶[111]（2017）	制药企业	资源消耗、环保投入、环境污染	经济发展
田泽·程飞[112]（2017）	东部沿海装备制造企业	年末从业人员数、固定资产、年末负债	主营业务收入、总产值
杨亦民·王梓龙[113]（2017）	湖南工业企业	能源消耗、资源投入、人力资本投入	废弃物排放、工业总产出
赵爽·刘红[114]（2016）	工业企业	废水（气）排放量、能源消耗	工业总产值
郭晓玲·李凯[115]（2017）	煤炭企业	固定资产净值、职工人数、能源消耗	主营业务收入、利润总额、CO_2排放量
陈琦等[116]（2015）	钢铁企业	固定资产净值、员工人数、能源消耗、耗新水量、废水（气、渣）排放量	企业增加值、利润税总额
杨雪·向玉成[117]（2017）	上市农产品加工企业	流动资产、固定资产、无形资产、主营业务成本、支付给员工以及为员工支付的现金	净利润、主营业务收入、净资产收益率、工业增加值
孔海宁[118]（2016）	钢铁企业	综合能耗、新水用量、职工人数、资产总额	废物排放量、SO_2排放量、利润总额、产量

作为投入指标，我们称之为节能背景下企业的经济效率（简称资源与能源效率）；在近期的研究中，有一些学者在节能背景下开始增加非期望产出作为产出指标，我们称之为环境约束背景下企业的经济效率（简称环境经济效率）。本书将分别对传统背景下、节能背景下和环境约束背景下企业的经济效率进行研究，并分析同一个企业在不同背景下其经济效率的变化情况。

若想选择出最恰当的评价指标就需要对肉羊屠宰加工工艺流程进行了解，图3-1展示的是肉羊屠宰加工工艺流程。

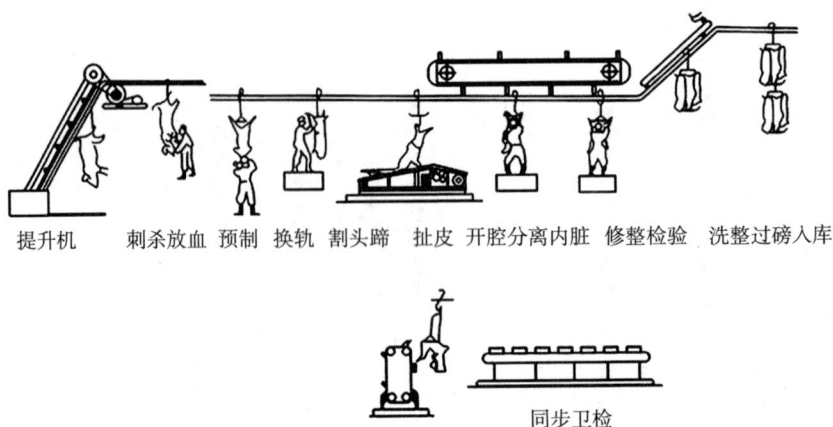

图3-1 肉羊屠宰加工工艺流程图

结合前人所做的研究和肉羊屠宰加工工艺流程，本书在测算传统背景下企业的经济效率时选取管理费用、销售费用、财务费用、工资成本和原料成本当作投入指标，选择净利润当作产出指标；在测算节能背景下企业的经济效率时选取企业生产经营活动消耗的水、电、土地以及其他资源和能源作为投入指标，选取净利润作为产出指标；在测算环境约束情形下企业的经济效率时选取企业生产经营活动消耗的水、电、土地以及其他资源和能源作为投入指标，选取净利润和非期望产出作为产出指标，各变量的含义及处理方式如下：

①管理费用：即企业运行而产生的各项费用，包含管理部门工资、办公费、折旧等；②销售费用：即企业在销售产品的过程中产生的各项费用，包括销售部门工资、包装费、运输费、广告费等；③财务费用：企业资产的流

出或增加；④工资成本：企业用于发放职工工资的费用；⑤原料成本：企业用于采购生产用原料肉羊的费用；⑥水费：企业在生产过程中（包括综合利用）实际消耗的商品水的费用（对于使用地下水的企业，将其打井费用除以其设计寿命，15～20 年）；⑦电费：企业在生产过程中（包括综合利用）实际消耗的商品电的费用；⑧土地费用：企业在生产过程中（包括综合利用）使用土地产生的费用；⑨其他费用：企业在生产过程中（包括综合利用）实际消耗的商品燃气和天然气的费用；⑩非期望产出指标包括化学需氧量（COD）、五日生化需氧量（BOD_5）、悬浮物（SS）排放量、动植物油和氨氮的排放量；⑪净利润：它是衡量一个企业经营效益的主要指标，是企业经营的最终成果。

3.1.4　数据获取（问卷设计、调研、描述性统计分析）

本章数据来自国内 13 个省份 61 家企业 2014—2017 年的相关数据，其中有 6 家在新三板上市的企业，调研企业分布情况见表 3 - 2。

表 3 - 2　调研企业分布

地区	调研企业数量	比例（%）	地区	调研企业数量	比例（%）
甘肃	3	4.92	天津	1	1.64
内蒙古	41	67.21	吉林	1	1.64
贵州	1	1.64	河南	5	8.20
黑龙江	2	3.28	山西	1	1.64
青海	1	1.64	新疆	1	1.64
四川	1	1.64	河北	2	3.28
浙江	1	1.64	总计	61	100.00

3.2　传统背景下我国肉羊屠宰加工企业的经济效率

传统背景下调研企业变量的描述性统计如表 3 - 3 所示，从中我们可以看出由于调研企业之间的规模差异比较大，所以造成变量的数值差距较大，同时由于羊肉产品市场价格的大幅度变化造成了各种成本和净利润的变化。管理成本均值从 2014 年的 602.21 万元下降到 2015 年的 598.69 万元后又上升到了 2016 年的 639.08 万元和 2017 年的 654.57 万元；销售成本均值从 2014 年的 349.27 万元骤降至 2015 年的 153.11 万元后又上升到了 2016 年的 189.28 万元和 2017 年的 204.03 万元；工资成本从 2014 年的 570.48 万元上升到了 2017 年的 730.31 万元；财务成本从 2014 年的 658.77 万元上升到了 2016 年的 1 088.83 万元后又下降到了 2017 年的 1 024.59 万元。羊肉产品的价格在 2014 年大幅上升，导致原料肉羊价格上升，企业原料成本增加；2015 年企业将主要的精力都集中在通过各种方式融资或者贷款扩大生产，过量的羊肉产品供给导致了羊肉产品价格在 2015 年和 2016 年出现大幅度下跌，企业产品积压，企业净利润下降；到了 2017 年，羊肉产品价格出现回暖迹象，但由于前两年羊肉市场萧条导致的肉羊养殖热情降低，原料肉羊尤其是质量较高的原料肉羊短缺，造成了原料肉羊价格上升的速度超过了羊肉产品价格的回升速度，企业原料成本增加，企业净利润有所回升，但是上升幅度不大。

表 3-3　调研企业经营情况描述性统计

单位：万元

变量		原料成本	管理成本	销售成本	工资成本	财务成本	净利润
2014	均值	13 731.63	602.21	349.27	570.48	658.77	1 252.33
	标准差	9 179.94	543.82	1 761.46	425.97	804.66	1 368.54
	最大值	40 627.05	3 661.56	13 816.00	2 047.39	4 951.36	8 623.00
	最小值	2 493.95	31.20	6.32	21.34	15.78	33.33
2015	均值	15 500.73	598.69	153.11	617.53	859.44	1 204.07
	标准差	11 480.49	383.58	160.14	437.41	874.10	813.53
	最大值	45 014.86	1 769.66	1 097.43	1 828.94	5 127.85	4 060.22
	最小值	1 402.84	31.40	6.50	26.47	22.65	84.00
2016	均值	15 505.74	639.08	189.28	681.40	1 088.83	1 229.00
	标准差	11 857.14	406.93	226.65	509.68	1 081.30	841.08
	最大值	45 000.00	1 902.29	1 581.16	2 139.42	6 348.27	4 484.26
	最小值	1 273.00	33.10	7.10	28.81	33.65	60.00
2017	均值	15 829.77	654.57	204.03	730.31	1 024.59	1 541.94
	标准差	11 825.64	437.98	298.89	556.17	1 097.90	919.29
	最大值	41 006.19	2 612.38	2 202.36	2 346.81	6 698.43	3 968.47
	最小值	1 511.06	33.80	10.38	30.16	30.22	71.83

注：笔者根据调研数据整理得出。

我们将得到的样本数据代入 CCR 和 BCC 模型，运用 MaxDEA 软件分别计算 61 家肉羊屠宰加工企业 2014—2016 年的 DEA 有效性并得出结果，为了方便用 A1‑A61 代表 61 家企业，得到的结果如表 3‑4 所示。

表 3‑4 传统背景下肉羊屠宰加工企业的经济效率

企业	经济效率				纯技术效率				规模效率			
	2014	2015	2016	2017	2014	2015	2016	2017	2014	2015	2016	2017
A1	0.205	0.533	0.675	0.696	0.221	1	1	1	0.930	0.533	0.675	0.696
A2	1	0.463	0.520	0.205	1	0.647	0.715	0.210	1.000	0.716	0.727	0.976
A3	0.167	0.118	0.229	0.209	0.192	0.120	0.232	0.214	0.872	0.986	0.989	0.976
A4	1	0.564	0.572	0.680	1	1	0.889	1	1	0.564	0.644	0.680
A5	0.167	0.173	0.767	0.524	0.842	0.302	0.867	0.601	0.198	0.572	0.885	0.871
A6	1	1	1	1	1	1	1	1	1	1	1	1
A7	0.284	1	1	1	0.688	1	1	1	0.413	1	1	1
A8	0.073	0.448	1	1	0.908	0.635	1	1	0.080	0.707	1	1
A9	1	1	1	1	1	1	1	1	1	1	1	1
A10	0.625	0.829	1	0.984	1	1	1	1	0.625	0.829	1	0.984
A11	1	0.452	1	1	1	1	1	1	1	0.452	1	1
A12	0.448	0.483	0.708	0.651	0.943	0.663	0.746	0.724	0.475	0.727	0.949	0.899
A13	0.726	0.368	0.474	0.614	0.753	0.574	0.687	0.947	0.963	0.641	0.690	0.649
A14	0.365	0.315	0.380	0.272	0.701	0.448	0.451	0.425	0.520	0.703	0.844	0.638
A15	0.412	0.623	0.627	0.699	0.437	1	0.851	1	0.944	0.623	0.736	0.699
A16	0.610	0.455	0.758	0.142	1	1	1	0.142	0.610	0.455	0.758	1
A17	0.914	0.208	0.665	0.755	0.952	0.226	0.936	1	0.961	0.924	0.711	0.755
A18	0.539	0.465	0.563	0.597	0.613	0.521	0.695	0.723	0.879	0.894	0.810	0.826
A19	0.738	0.389	0.386	0.452	0.775	0.549	0.430	0.512	0.952	0.709	0.898	0.883
A20	0.648	0.332	0.423	1	0.665	0.336	0.431	1	0.974	0.989	0.981	1
A21	0.560	0.348	0.477	0.579	0.592	0.352	0.524	0.588	0.945	0.988	0.910	0.984
A22	0.976	0.538	0.673	0.743	0.991	0.542	0.688	0.756	0.985	0.992	0.979	0.982
A23	0.536	0.322	0.419	0.676	0.541	0.324	0.485	0.871	0.991	0.995	0.863	0.776
A24	0.546	0.683	0.413	0.665	0.551	0.749	0.417	0.675	0.991	0.912	0.991	0.986
A25	0.611	0.165	0.317	0.436	0.911	0.591	0.659	0.857	0.671	0.280	0.481	0.508
A26	1	0.653	1	0.966	1	0.659	1	1	1	0.991	1	0.966
A27	0.748	0.638	0.980	1	0.821	0.661	0.984	1	0.911	0.966	0.996	1
A28	0.457	0.350	0.464	0.734	0.506	0.351	0.502	0.981	0.904	0.996	0.925	0.748

（续）

企业	经济效率				纯技术效率				规模效率			
	2014	2015	2016	2017	2014	2015	2016	2017	2014	2015	2016	2017
A29	1	0.727	1	1	1	0.800	1	1	1	0.909	1	1
A30	0.826	0.805	0.905	0.617	0.853	0.839	0.909	0.689	0.969	0.960	0.996	0.896
A31	0.943	0.566	0.556	0.750	0.954	0.795	0.564	1.000	0.988	0.713	0.985	0.750
A32	0.888	0.635	0.443	0.527	0.895	0.868	0.471	0.554	0.992	0.732	0.940	0.952
A33	0.222	0.369	0.510	0.513	0.723	0.559	0.661	0.820	0.307	0.660	0.772	0.625
A34	0.618	0.802	0.715	0.769	0.625	1	0.740	0.862	0.989	0.802	0.967	0.892
A35	0.922	1	0.801	1	0.933	1	0.843	1	0.989	1	0.950	1
A36	0.737	0.905	1	1	0.751	0.907	1	1	0.982	0.998	1	1
A37	0.596	0.031	0.083	0.013	0.599	0.063	0.084	0.058	0.995	0.502	0.984	0.229
A38	0.719	0.616	0.758	0.835	0.743	0.616	0.851	0.852	0.967	1	0.892	0.980
A39	1	1	0.761	0.778	1	1	0.826	0.859	1	1	0.921	0.906
A40	1	0.337	0.327	0.300	1	0.342	0.340	0.300	1	0.983	0.962	1
A41	0.694	0.244	0.502	0.514	0.702	0.253	0.504	0.514	0.989	0.966	0.996	1
A42	0.585	0.525	0.788	0.706	0.690	0.530	0.789	0.711	0.848	0.990	0.999	0.992
A43	0.588	0.569	0.692	0.789	0.707	0.587	0.719	0.802	0.831	0.969	0.961	0.984
A44	0.580	0.411	0.414	0.465	0.592	0.423	0.414	0.475	0.981	0.973	1	0.981
A45	0.456	0.436	0.427	0.411	0.497	0.603	0.427	0.423	0.919	0.723	1	0.971
A46	0.419	0.440	0.344	0.340	0.423	0.441	0.345	0.345	0.990	0.998	0.997	0.987
A47	0.456	0.232	0.494	0.539	0.458	0.236	0.545	0.646	0.996	0.984	0.906	0.835
A48	0.572	0.671	0.864	0.641	0.809	0.766	0.883	0.807	0.708	0.876	0.978	0.794
A49	0.759	0.918	1	1	0.803	1	1	1	0.945	0.918	1	1
A50	0.139	0.779	0.174	0.263	0.483	0.780	0.414	0.497	0.288	0.998	0.419	0.530
A51	0.929	1	0.785	0.759	0.962	1	0.832	0.866	0.966	1	0.943	0.876
A52	0.425	0.721	0.642	0.763	0.505	0.722	0.642	0.775	0.842	0.999	0.999	0.985
A53	0.785	0.219	0.803	0.861	0.812	0.222	0.972	1	0.967	0.983	0.826	0.861
A54	0.063	0.185	0.057	0.095	0.222	0.195	0.091	0.158	0.285	0.945	0.623	0.605
A55	0.198	0.318	0.389	0.513	0.273	0.323	0.392	0.514	0.723	0.984	0.994	0.999
A56	0.361	0.397	0.355	0.496	0.497	0.402	0.396	0.525	0.728	0.989	0.895	0.944
A57	0.199	0.371	0.190	0.408	0.217	0.374	0.194	0.433	0.917	0.992	0.977	0.943
A58	0.360	1	0.417	0.514	1	1	1	1	0.360	1	0.417	0.514
A59	0.292	0.292	0.406	0.577	0.415	0.315	0.409	0.579	0.703	0.929	0.993	0.998
A60	0.339	0.399	0.630	0.491	0.445	0.399	0.632	0.516	0.761	1	0.998	0.952
A61	0.454	0.151	0.318	0.331	0.458	0.159	0.325	0.350	0.992	0.948	0.978	0.945
均值	0.598	0.524	0.607	0.637	0.716	0.619	0.679	0.724	0.831	0.862	0.897	0.876

注：作者根据问卷和企业数据使用 MaxDEA 软件计算得出。

根据表 3-4 可以得出以下结论：

（1）在传统背景下，我国肉羊屠宰加工企业整体的经济效率处于较低的状态

被调研的肉羊屠宰加工企业 2014—2017 年的经济效率值 θ 的平均值分别为 0.598、0.524、0.607 和 0.637，2014 年到 2017 年分别有 9 家、7 家、10 家和 11 家企业的经济效率达到了 DEA 有效，这说明被调研的肉羊屠宰加工企业整体的能源效率处于较低的状态。2015 年由于受到羊源紧张和市场萧条的影响，肉羊屠宰加工企业的经济效率下降，2016 年羊肉产品价格下降趋势平缓，2017 年羊肉产品价格开始回升，肉羊屠宰加工企业的经济效率回升。

（2）在传统背景下，我国肉羊屠宰加工企业纯技术效率和规模效率呈现出较大差别，规模效率明显

被调研的肉羊屠宰加工企业 2014—2017 年的纯技术效率值 σ 的平均值分别为 0.716、0.619、0.679 和 0.724，分别有 12 家、15 家、13 家和 20 家企业的纯技术效率值为 1，规模效率 θ/σ 的平均值分别为 0.831、0.862、0.897 和 0.876，分别有 9 家、9 家、12 家和 14 家企业的规模效率值为 1，纯技术效率和规模效率呈现出较大差别，规模效率明显。

（3）在传统背景下，我国肉羊屠宰加工企业规模报酬出现波动（表 3-5）

表 3-5　传统背景下企业规模报酬阶段统计

规模报酬	2014	2015	2016	2017
递增阶段	47	31	26	21
递减阶段	5	23	25	26
不变阶段	9	7	10	14

注：同表 3-4。

从表 3-5 所示的规模报酬阶段统计可以看出，位于规模报酬递增的企业数量由 47 家持续减少到了 21 家，位于规模报酬递减的企业数量由 5 家持续上升到了 26 家，这就表明传统背景下我国肉羊屠宰加工企业经济效率中产出要素增加的比例逐渐减小，而投入要素增加的比例逐渐增加。

3.3 节能背景下我国肉羊屠宰加工企业经济效率

上一节研究的传统背景下肉羊屠宰加工企业的经济效率，仅仅考虑了资本的投入和产出，没有考虑资源与能源的因素，假如只是单纯地寻求企业利润的增加速度而轻视企业利润增长的质量，就必然对企业的可持续发展造成巨大的威胁。现代企业的发展都要面对利润增长和资源与能源日渐枯竭之间的冲突。所以在测算现代企业经济效率的时候，就应该将资源和能源的使用情况考虑进去，我们把这种考虑资源和能源使用情况下的企业经济效率称为节能背景下肉羊屠宰加工企业的经济效率，简称资源与能源效率。

资源与能源是国民经济发展的动力，是现代经济的重要支撑，是现代文明的物质基础。近年来，随着经济的发展，中国高投入低产出的这种粗放型经济增长方式使经济发展和资源能源之间的矛盾日益加剧。提高资源与能源利用效率是实现社会经济可持续发展的重要保证。资源与能源已经成了当今社会发展的共同主题，世界上的各个国家普遍都把提高资源与能源效率作为可持续发展战略的重要环节。国内外关于资源与能源效率的研究和认识开展十分广泛，而且不断地深入。面对持续不断增长的资源与能源需求，国内供需缺口不断增大，提高资源与能源利用效率的呼声也越来越高。因此，对于资源与能源利用效率的研究有着极其重要的意义。

从图 3-2 我们可以看出整个肉羊屠宰加工流程都在持续地投入电能和土地资源、其他资源与能源，宰前处理、挂羊冲洗、修整冲淋等过程需要投入水，热水是用煤气或者天然气进行加热的。因为在对肉羊屠宰加工企业进行调研时发现，企业并不会对每个环节的资源与能源的投入情况进行测量和记录，所以，本研究将使用企业的每年的能源使用情况对肉羊屠宰加工企业能源效率进行测量。

节能背景下调研企业变量的描述性统计如表 3-6 所示，从中我们可以看出由于调研企业之间存在的规模差异比较大，所以造成变量的数值差距较大，同时由于羊肉产品市场价格的大幅度变化造成了各种资源与能源和净利润的变化。水费均值从 2014 年的 49.84 万元上升到 2015 年的 63.54 万元后回落到 2016 年的 53.09 万元和 2017 年的 52.58 万元；电费均值从 2014 年

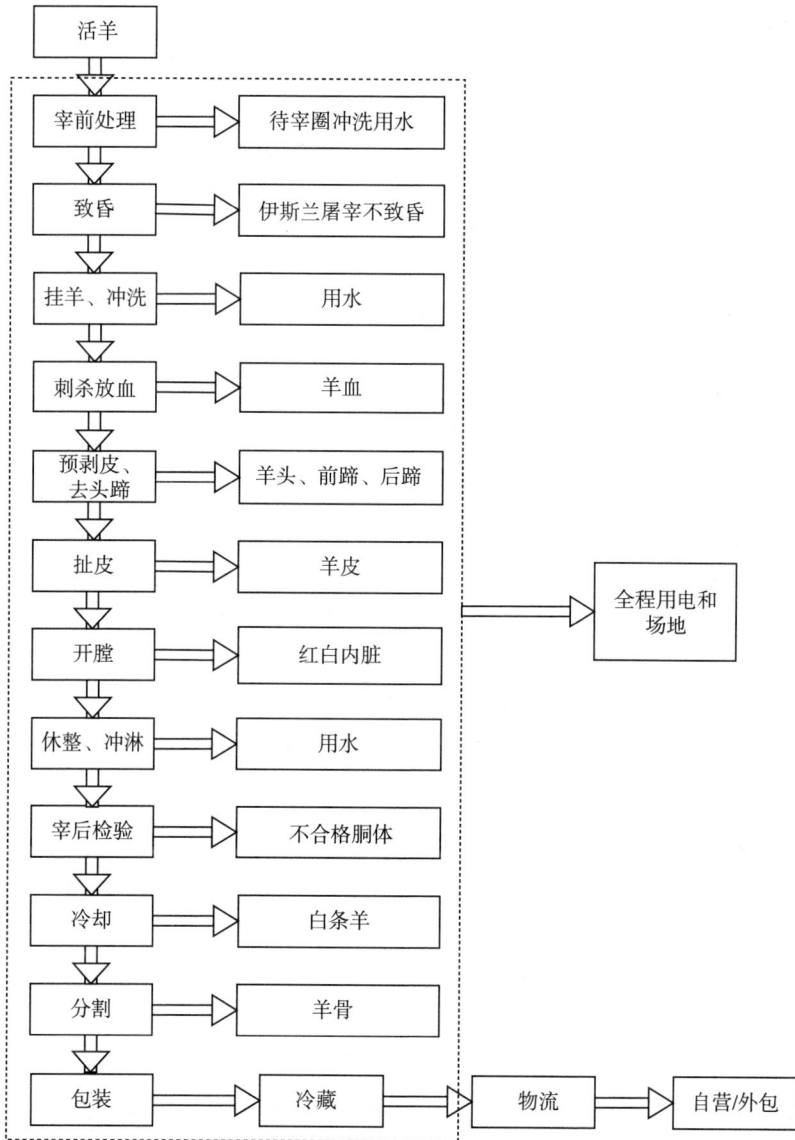

图 3-2　肉羊屠宰加工流程及能源投入情况

的 11 万元上升到 2015 年的 13.38 万元后回落到 2016 年的 11.94 万元和 2017 年的 11.82 万元；土地成本均值从 2014 年的 23.81 万元上升到了 2017 年的 29.31 万元；其他资源和能源均值从 2014 年的 6.41 万元上升到了 2015 年的 7.74 万元后回落到 2016 年的 6.96 万元，在 2017 年又上升到 6.99 万元。羊肉产品的价格在 2014 年大幅上升，2015 年企业都扩大了产能，造成各种资源与能源费用升高；过量的羊肉产品供给导致了羊肉产品价格在 2015 年出现大幅度下跌，在 2016 年下降趋势平缓，很多企业在 2016 年和 2017 年都将重点放到了降低成本上，所以各种资源与能源费用回落，土地成本由于其特殊性，没有下降。

表 3-6　调研企业资源与能源投入描述性统计

单位：万元

变量		原料成本	水费	电费	土地成本	其他资源和能源
2014	均值	13 731.63	49.84	11.00	23.81	6.41
	标准差	9 179.94	28.09	4.77	15.09	3.44
	最大值	40 627.05	126.95	24.59	61.90	18.43
	最小值	2 493.95	4.06	1.21	1.97	0.13
2015	均值	15 500.73	63.54	13.38	24.79	7.74
	标准差	11 480.49	52.84	7.30	15.70	5.82
	最大值	45 014.86	316.68	45.36	61.27	36.21
	最小值	1 402.84	3.36	0.84	1.22	0.18
2016	均值	15 505.74	53.09	11.94	26.90	6.96
	标准差	11 857.14	29.68	5.27	16.95	3.66
	最大值	45 000.00	125.59	25.16	63.34	14.84
	最小值	1 273.00	4.01	1.46	1.22	0.15
2017	均值	15 829.77	52.58	11.82	29.31	6.99
	标准差	11 825.64	30.81	5.24	17.62	3.61
	最大值	41 006.19	124.83	25.09	66.81	14.82
	最小值	1 511.06	3.87	1.45	1.62	0.14

注：同表 3-3。

将得到的样本数据代入 CCR 和 BCC 模型，运用 MaxDEA 软件分别计算 61 家肉羊屠宰加工企业 2014—2017 年的 DEA 有效性并得出结果，得到的结果如表 3-7 所示。

表 3-7　肉羊屠宰加工企业资源与能源效率

企业	资源与能源效率				纯技术效率				规模效率			
	2014	2015	2016	2017	2014	2015	2016	2017	2014	2015	2016	2017
A1	0.183	0.574	0.324	0.469	0.277	0.718	0.544	1	0.659	0.799	0.595	0.469
A2	0.809	0.558	0.180	0.086	0.821	0.834	0.181	0.131	0.985	0.668	0.990	0.659

（续）

企业	资源与能源效率				纯技术效率				规模效率			
	2014	2015	2016	2017	2014	2015	2016	2017	2014	2015	2016	2017
A3	0.134	0.120	0.074	0.152	0.185	0.125	0.130	0.167	0.723	0.964	0.574	0.912
A4	1	1	0.518	0.782	1	1	0.696	1	1	1	0.745	0.782
A5	0.008	0.215	0.152	0.157	0.148	0.220	0.154	0.182	0.053	0.975	0.987	0.865
A6	1	1	0.470	0.628	1.000	1	0.483	0.829	1	1	0.974	0.758
A7	0.087	1	0.563	0.680	0.628	1	0.687	0.785	0.138	1	0.820	0.866
A8	0.088	1	1	1	1	1	1	1	0.088	1	1	1
A9	1	1	1	1	1	1	1	1	1	1	1	1
A10	0.301	0.418	0.354	0.310	1	1	1	1	0.301	0.418	0.354	0.310
A11	0.423	0.343	0.497	0.382	1	1	1	1	0.423	0.343	0.497	0.382
A12	0.252	0.387	0.325	0.455	0.901	0.715	0.608	0.777	0.280	0.541	0.534	0.586
A13	0.393	0.584	0.351	0.629	0.422	0.588	0.358	0.727	0.932	0.993	0.980	0.864
A14	0.202	0.280	0.210	0.252	0.628	0.433	0.361	0.406	0.321	0.646	0.583	0.621
A15	0.224	0.576	0.261	0.456	0.333	0.628	0.299	0.456	0.675	0.917	0.872	0.999
A16	0.436	0.586	0.461	0.128	0.476	0.792	1	0.148	0.915	0.740	0.461	0.862
A17	0.710	0.626	0.289	0.449	0.781	0.648	0.304	0.625	0.909	0.966	0.950	0.719
A18	0.340	0.528	0.214	0.316	0.479	0.546	0.246	0.331	0.709	0.966	0.869	0.953
A19	0.573	0.555	0.164	0.296	0.649	0.559	0.213	0.297	0.883	0.992	0.773	0.995
A20	0.454	0.621	0.168	0.339	0.552	0.644	0.224	0.344	0.823	0.964	0.749	0.985
A21	0.386	0.490	0.187	0.292	0.495	0.503	0.221	0.305	0.780	0.973	0.847	0.958
A22	0.666	0.596	0.305	0.490	0.736	0.643	0.344	0.516	0.905	0.927	0.886	0.950
A23	0.304	0.523	0.179	0.312	0.352	0.566	0.182	0.600	0.863	0.924	0.984	0.519
A24	0.323	0.521	0.164	0.297	0.440	0.522	0.204	0.304	0.735	0.999	0.807	0.974
A25	0.243	0.268	0.241	0.320	0.623	0.602	0.547	0.958	0.390	0.445	0.441	0.334
A26	1	1	1	1	1	1	1	1	1	1	1	1
A27	0.306	0.406	0.317	0.496	0.527	0.521	0.375	0.526	0.580	0.780	0.843	0.943
A28	0.399	0.425	0.357	0.657	0.440	0.452	0.382	0.851	0.906	0.942	0.934	0.773
A29	0.668	0.955	0.347	0.540	0.857	1	0.366	0.655	0.780	0.955	0.948	0.824
A30	0.440	0.628	0.247	0.364	0.691	0.633	0.353	0.665	0.636	0.992	0.699	0.548
A31	0.331	0.420	0.178	0.341	0.406	0.426	0.210	0.358	0.815	0.986	0.847	0.953
A32	0.395	0.627	0.242	0.356	0.453	0.634	0.265	0.357	0.872	0.989	0.912	0.997
A33	0.137	0.293	0.307	0.340	0.723	0.626	0.579	0.777	0.189	0.468	0.531	0.438

（续）

企业	资源与能源效率				纯技术效率				规模效率			
	2014	2015	2016	2017	2014	2015	2016	2017	2014	2015	2016	2017
A34	0.351	0.527	0.295	0.412	0.426	0.535	0.303	0.533	0.824	0.984	0.974	0.773
A35	0.300	0.451	0.251	0.393	0.422	0.473	0.267	0.462	0.710	0.955	0.940	0.851
A36	0.336	0.604	0.482	0.564	0.638	0.658	0.499	0.570	0.527	0.918	0.966	0.990
A37	0.437	0.027	0.041	0.010	0.471	0.104	0.103	0.124	0.927	0.258	0.403	0.081
A38	0.591	0.570	0.528	0.659	0.670	0.674	0.705	0.717	0.882	0.847	0.749	0.919
A39	0.528	0.425	0.302	0.396	0.648	0.502	0.368	0.507	0.816	0.848	0.822	0.781
A40	0.793	1	0.187	0.208	0.801	1	0.196	0.212	0.990	1	0.952	0.983
A41	0.518	0.754	0.265	0.334	0.556	0.756	0.284	0.339	0.932	0.998	0.934	0.986
A42	0.375	0.427	0.405	0.416	0.491	0.499	0.427	0.426	0.763	0.856	0.949	0.977
A43	0.381	0.473	0.303	0.511	0.551	0.523	0.367	0.548	0.692	0.905	0.826	0.932
A44	0.405	0.587	0.201	0.286	0.465	0.610	0.226	0.294	0.870	0.962	0.889	0.972
A45	0.326	0.433	0.255	0.320	0.381	0.465	0.284	0.327	0.856	0.931	0.898	0.976
A46	0.261	0.409	0.171	0.205	0.374	0.451	0.198	0.239	0.699	0.906	0.866	0.855
A47	0.575	0.748	0.280	0.393	0.773	1	0.596	1	0.744	0.748	0.470	0.393
A48	0.367	0.694	0.678	0.542	0.705	0.864	0.769	0.737	0.520	0.804	0.882	0.735
A49	0.487	0.537	0.598	0.525	0.579	0.572	0.972	0.905	0.841	0.939	0.615	0.580
A50	0.079	0.466	0.055	0.106	0.787	0.512	0.611	0.831	0.100	0.910	0.090	0.128
A51	0.420	0.501	0.389	0.376	0.641	0.654	0.483	0.504	0.655	0.767	0.807	0.746
A52	0.228	0.409	0.338	0.386	0.413	0.490	0.373	0.429	0.553	0.835	0.907	0.898
A53	0.518	0.951	0.438	0.585	0.548	1	0.635	1	0.946	0.951	0.689	0.585
A54	0.231	0.777	0.069	0.105	0.985	0.854	0.557	0.540	0.235	0.910	0.125	0.194
A55	0.148	0.251	0.201	0.287	0.269	0.293	0.221	0.291	0.550	0.858	0.911	0.986
A56	0.283	0.432	0.238	0.307	0.454	0.498	0.283	0.344	0.624	0.867	0.842	0.895
A57	0.113	0.281	0.089	0.221	0.226	0.287	0.135	0.229	0.498	0.981	0.659	0.966
A58	0.176	0.838	0.283	0.788	1	1	1	1	0.176	0.838	0.283	0.788
A59	0.115	0.154	0.140	0.263	0.365	0.232	0.221	0.367	0.315	0.665	0.633	0.717
A60	0.210	0.255	0.240	0.241	0.343	0.319	0.271	0.281	0.614	0.801	0.887	0.859
A61	0.399	0.518	0.177	0.228	0.547	0.703	0.200	0.248	0.730	0.737	0.884	0.919
均值	0.396	0.551	0.320	0.407	0.599	0.641	0.444	0.559	0.670	0.857	0.768	0.775

注：同表 3-4。

根据表 3-7 可以得出以下结论：

（1）在节能背景下，我国肉羊屠宰加工企业整体的资源与能源效率处于

较低的状态

被调研的肉羊屠宰加工企业 2014—2017 年的资源与能源效率值 θ 的平均值分别为 0.396、0.551、0.320 和 0.407，2014 年到 2017 年分别有 4 家、7 家、3 家和 3 家企业的综合效率为 1，达到了 DEA 有效，这说明被调研的肉羊屠宰加工企业整体的能源效率处于较低的状态。2015 年由于受到羊源紧张和市场萧条的影响，肉羊屠宰加工企业把主要精力用于成本控制，造成能源效率的大幅提升，2016 年羊肉产品价格下降趋势平缓，2017 年羊肉产品价格上升，肉羊屠宰加工企业把工作重点重新移到产品销售，造成能源效率的回落。

（2）在节能背景下，我国肉羊屠宰加工企业纯技术效率和规模效率呈现出较大差别

被调研的肉羊屠宰加工企业 2014—2017 年的纯技术效率值 σ 的平均值分别为 0.599、0.641、0.444 和 0.559，规模效率 θ/σ 的平均值分别为 0.670、0.857、0.768 和 0.775，分别有 8 家、13 家、7 家和 10 家企业的纯技术效率值为 1，分别有 4 家、7 家、3 家和 3 家企业的规模效率值为 1，这说明我国肉羊屠宰加工企业的纯技术效率和规模效率呈现出较大差别。

（3）在节能背景下，我国肉羊屠宰加工企业规模报酬出现波动

从表 3-8 所示的规模报酬阶段统计可以看出，位于规模报酬递增的企业数量在波动减少，位于规模报酬递减的企业数量波动增加，这表明资源与能源效率中产出要素增加的比例减小，投入要素增加的比例加大。

表 3-8 传统背景下企业规模报酬阶段统计

规模报酬	2014	2015	2016	2017
递增阶段	57	33	52	41
递减阶段	0	21	6	16
不变阶段	4	7	3	4

注：同表 3-4。

（4）在节能背景下，我国肉羊屠宰加工企业资源与能源投入冗余情况严重

表 3-9 是肉羊屠宰加工企业 2014—2017 年的资源与能源投入冗余情

表3-9 节能背景下肉羊屠宰加工企业资源与能源投入冗余

单位：万元

企业	原料				水				电				土地			
	2014	2015	2016	2017	2014	2015	2016	2017	2014	2015	2016	2017	2014	2015	2016	2017
A1	4 747	11 309	6 630	0	9	33	19	0	0	0	4	0	0	0	0	0
A2	5 355	0	3 963	1 904	2	173	0	3	0	16	0	0	0	0	3	0
A3	227	0	3 066	2 307	8	0	3	1	0	0	0	0	0	0	4	5
A4	0	0	23 714	0	0	0	53	0	0	0	12	0	0	0	0	0
A5	516	5 433	3 380	1 299	1	0	0	1	0	2	0	0	0	0	0	0
A6	0	0	0	0	0	0	25	49	0	0	3	6	0	0	0	0
A7	0	0	236	0	6	0	5	6	0	0	0	1	1	0	0	0
A8	0	0	0	0	0	0	0	0	0	0	0	0	0	0	0	0
A9	0	0	0	0	0	0	0	0	0	0	0	0	0	0	0	0
A10	0	0	0	0	0	0	0	0	0	0	0	0	0	0	0	0
A11	0	0	0	0	0	0	0	0	0	0	0	0	0	0	0	0
A12	0	0	0	106	18	16	13	14	2	2	1	1	0	0	0	1
A13	0	0	8 519	99	0	15	23	13	1	5	6	3	0	0	0	3
A14	0	0	0	0	10	1	5	6	1	0	0	0	2	0	2	0
A15	372	0	2 090	3 565	5	5	3	2	0	3	0	0	0	0	0	4
A16	3 459	5 386	0	1 928	6	45	0	1	0	0	0	1	0	0	0	1
A17	0	1 647	314	0	0	1	1	4	1	0	0	0	0	0	0	0
A18	0	0	370	0	0	0	0	0	0	3	0	0	0	0	0	0
A19	0	450	991	855	7	0	4	4	0	0	0	0	0	0	5	7
A20	0	0	1 066	1 045	2	0	1	0	0	1	0	0	0	0	2	3

（续）

企业	原料				水				电				土地			
	2014	2015	2016	2017	2014	2015	2016	2017	2014	2015	2016	2017	2014	2015	2016	2017
A21	0	0	933	950	0	0	0	0	0	1	0	0	0	0	0	4
A22	0	0	0	0	26	16	8	19	3	2	1	3	0	2	1	31
A23	1 086	2 460	2 798	0	5	1	0	0	0	0	0	0	0	0	5	0
A24	0	0	358	0	0	0	0	0	1	0	2	0	0	0	0	0
A25	0	0	1 060	0	0	0	0	3	3	3	2	4	0	0	0	0
A26	0	0	0	0	0	0	0	0	0	0	0	0	0	0	0	0
A27	0	0	26	0	0	0	0	0	3	4	2	3	0	0	0	2
A28	278	8 501	9 492	9 250	0	0	0	0	1	2	2	7	0	0	12	0
A29	0	0	960	0	13	0	6	8	5	0	2	4	0	0	0	0
A30	0	0	0	0	3	2	3	16	4	4	1	4	0	0	0	0
A31	90	790	1 302	4 016	2	0	0	0	0	0	0	0	0	0	3	5
A32	0	574	3 905	3 875	0	0	4	5	1	1	2	2	0	0	0	0
A33	0	0	0	0	6	0	0	2	3	1	1	2	8	1	8	5
A34	0	871	2 325	3 753	0	0	0	0	0	0	1	2	0	0	3	0
A35	0	0	1 724	894	0	0	0	0	0	0	1	1	0	0	0	0
A36	0	771	2 271	3 960	5	0	0	0	3	2	2	3	0	0	0	1
A37	334	0	260	330	0	0	0	1	1	1	0	0	0	0	0	0
A38	0	0	0	0	0	0	0	0	2	2	4	2	11	7	28	19
A39	0	0	0	0	10	2	5	14	4	2	1	3	0	0	13	14
A40	0	0	2 020	3 588	0	0	0	0	5	0	2	2	0	0	5	6
A41	0	0	193	0	0	0	0	0	3	3	1	1	0	0	10	16

（续）

企业	原料				水				电				土地			
	2014	2015	2016	2017	2014	2015	2016	2017	2014	2015	2016	2017	2014	2015	2016	2017
A42	0	0	0	0	2	0	0	0	3	3	2	1	2	0	15	12
A43	0	0	0	0	4	0	4	9	2	1	1	2	0	0	5	9
A44	0	0	785	1 318	0	0	0	0	3	1	1	1	0	0	0	0
A45	0	0	1 632	1 774	0	0	0	0	1	1	1	1	0	0	10	13
A46	0	1 637	1 538	1 159	0	0	0	0	1	0	0	0	0	0	0	0
A47	8 607	0	10 310	0	26	0	18	0	5	0	5	0	0	0	0	0
A48	0	0	0	0	4	0	0	1	6	6	4	4	4	0	17	11
A49	0	0	0	0	0	0	7	3	2	1	6	3	0	0	0	0
A50	0	0	0	0	12	3	0	11	9	6	5	7	0	0	0	0
A51	0	0	0	0	0	0	0	1	6	6	3	4	0	0	6	2
A52	0	0	393	0	0	0	0	0	2	3	1	1	0	0	0	0
A53	1 743	0	2 980	0	0	0	0	0	0	0	2	0	0	0	0	0
A54	7 422	6 370	5 353	3 209	43	31	14	9	11	10	6	5	0	0	0	0
A55	0	0	361	161	0	0	0	0	1	2	0	1	0	0	0	2
A56	0	0	0	0	1	0	0	0	3	4	1	2	0	0	3	2
A57	0	541	696	3 320	0	0	0	0	0	0	0	0	0	0	0	0
A58	0	0	0	0	0	0	0	0	0	0	0	0	0	0	0	0
A59	0	0	0	0	11	0	3	7	3	1	1	2	1	0	0	0
A60	0	0	808	0	0	0	0	1	3	3	2	2	0	0	3	2
A61	3 341	495	2 714	4 941	10	1	0	0	1	0	0	0	0	0	0	0
均值	615.99	774.32	1 828.44	977.21	4.21	5.64	3.71	3.53	1.82	1.77	1.53	1.46	0.46	0.15	2.75	3.00

注：同表 3-4。

况，在原料投入上分别有 14 家、15 家、38 家和 25 家企业存在冗余现象，平均冗余分别为 615.99 万元、774.32 万元、1 828.44 万元和 977.21 万元，原料投入冗余的最高值出现在 2016 年；在水费投入上分别有 28 家、16 家、25 家和 29 家企业存在冗余现象，平均冗余分别为 4.21 万元、5.64 万元、3.71 万元和 3.53 万元，水费投入冗余的最高值出现在 2015 年；在电费投入上分别有 42 家、37 家、44 家和 39 家存在冗余现象，平均冗余分别为 1.82 万元、1.77 万元、1.53 万元和 1.46 万元，电费投入冗余的最高值出现在 2014 年；在土地投入上分别有 7 家、3 家、25 家和 24 家存在冗余现象，平均冗余分别为 0.46 万元、0.15 万元、2.75 万元和 3.00 万元，土地投入冗余的最高值出现在 2017 年；在其他费用投入上分别有 52 家、40 家、30 家和 39 家存在冗余现象，平均冗余分别为 2.18 万元、1.83 万元、0.74 万元和 1.05 万元，其他费用投入冗余的最高值出现在 2014 年。

3.4　环境约束背景下我国肉羊屠宰加工企业经济效率

近些年来，随着经济发展与环境问题之间矛盾的日益突出，为了能够积极响应国家号召的可持续发展的目标，越来越多的学者研究企业的经济效率时，在使用资源与能源投入作为投入指标的基础上，将非期望产出也就是废弃物排放对环境的破坏也纳入评价体系之中，他们把这种含有资源与能源投入和非期望产出的经济效率称之为环境约束背景下肉羊屠宰加工企业的经济效率，简称为环境经济效率。

本书中的环境约束是指政府为了促进肉羊屠宰加工企业在环境保护和经济进步之间的和谐发展，而做出的对肉羊屠宰加工企业的资源与能源的利用行为和环境破坏行为方面的规定和手段。

结合前人的研究和肉羊屠宰加工企业的特点，由于气体废弃物和固体废弃物中的污染物不便于提取和测量，所以本书选取的非期望产出指标均来自废水中含有的污染物，主要包括化学需氧量（COD）、五日生化需氧量（BOD_5）、悬浮物（SS）排放量、动植物油和氨氮的排放量。那么在环境经济效率测算之前如何对非期望产出进行处理呢？下面我们就对非期望产出的四种解决手段进行分析[119]。

3.4.1 非期望产出的解决手段

（1）曲线测度解决法

曲线测度（Hyperbolic Measure）是 färe 等人在 20 世纪末最早使用的环境经济效率评估手段，假如非期望产出是能够强解决的，其解决手段如下：

$$\max \rho_0$$

$$\sum_{j=1}^{n} \eta_j x_{ij} + s_i^- = x_{i0}, i = 1, 2, \cdots, m$$

$$\sum_{j=1}^{n} \eta_j y_{rj} - s_r^+ = \rho_0 y_{r0}, r = 1, 2, \cdots, s$$

$$\sum_{j=1}^{n} \eta_j b_{tj} - s_t^+ = \frac{1}{\rho_0} b_{t0}, t = 1, 2, \cdots, k \qquad (3-12)$$

$$\sum_{j=1}^{n} \eta_j = 1,$$

$$\eta_j, \ s_i^-, \ s_r^+, \ s_t^+ \geqslant 0, \ j, \ i, \ r, \ t$$

假如非期望产出能够弱解决的，其解决手段如下：

$$\max \rho_0$$

$$\sum_{j=1}^{n} \eta_j x_{ij} + s_i^- = x_{i0}, i = 1, 2, \cdots, m$$

$$\sum_{j=1}^{n} \eta_j y_{rj} - s_r^+ = \rho_0 y_{r0}, r = 1, 2, \cdots, s$$

$$\sum_{j=1}^{n} \eta_j b_{tj} = \frac{1}{\rho_0} b_{t0}, t = 1, 2, \cdots, k \qquad (3-13)$$

$$\sum_{j=1}^{n} \eta_j = 1,$$

$$\eta_j, \ s_i^-, \ s_r^+, \ s_t^+ \geqslant 0, \ j, \ i, \ r, \ t$$

求上面两个解决手段的解，令 $2b_{t0} - \rho_0 b_{t0} \leqslant \sum_{j=1}^{n} \eta_j b_{tj}$、$2b_{t0} - \rho_0 b_{t0} = \sum_{j=1}^{n} \eta_j b_{tj}$ 取代式（3-12）和式（3-13）中的 $\sum_{j=1}^{n} \eta_j b_{tj} \geqslant \frac{1}{\rho_0} b_{t0}$、$\sum_{j=1}^{n} \eta_j b_{tj} = \frac{1}{\rho_0} b_{t0}$ 。

这种解决手段向我们展示了一个非期望产出的解决手段，然而由于它是一个非线性的方程，求解手段特别复杂；färe 等人的求解手段不能够确保解的精确性。

（2）非期望产出当作投入解决法

把非期望产出当作投入解决手段。在计算效率的进程里，把非期望产出当作投入指标应用到 DEA 框架里，并用来探讨环境经济效率。把非期望产出当作投入指标解决具备较强的实用性。在一些特定的环节里，非期望产出经常是跟随资源投入的时候在加工环节里产生的，即非期望产出自己便是投入的因素，不管采取何种工艺，非期望产出的产生都是无法防止的。期望产出的量越大就代表资源投入和非期望产出的量越大；相反，量越小。

根据上面的理由，在 DEA 的一些研究里，存在大量研究把非期望产出当作投入指标分析环境经济效率，这种手段的评判方程如下：

$$\min\theta_0$$

$$\sum_{j=1}^{n} \eta_j x_{ij} + s_i^- = \theta_0 x_{i0}, i = 1, 2, \cdots, m,$$

$$\sum_{j=1}^{n} \eta_j y_{rj} - s_r^+ = y_{r0}, r = 1, 2, \cdots, s,$$

$$\sum_{j=1}^{n} \eta_j b_{tj} + s_t^- = \theta_0 b_{t0}, t = 1, 2, \cdots, k, \tag{3-14}$$

$$\sum_{j=1}^{n} \eta_j = 1,$$

$$\eta_j, \ s_i^-, \ s_r^+, \ s_t^+ \geqslant 0, j, \ i, \ r, \ t$$

根据式（3-14）可以看出，在评价效率的步骤里在维持期望产出恒定的前提下，削减资源投入和非期望产出的出现。因为式（3-14）采取径向测度测量非期望产出的出现和资源投入能够削减的权重，用来探讨环境经济效率，可是在实际的加工活动里，非期望产出的出现和资源投入没有能够一直维持同权重的联系，所以此效率评判手段没有体现出真实的加工环节。

（3）数据转换函数解决法

数据转换函数解决法是把越少越优的废弃物转换成越多越优的正向产出，接下来把转换后的负向产出当作正向产出指标，对环境经济效率进行研究。在过去的分析里重点有三种手段可以对非期望产出进行转换。

第一种方法是使用转化函数 $f(a)=-a$ 将非期望产出转换成越多越优的正向产出指标，把它应用到 DEA 方法里，用来评估环境经济效率；第二种方法是使用转化函数 $f(a)=1/a$ 把非期望产出转换成越多越优的正向产出指标，把它当作正向指标应用到 DEA 方法里，用来评估环境经济效率；第三种方法是使用转化函数 $f(a)=s-a$ 把非期望产出转换成正向产出，s 是充分大的向量，能够确保全部转换后的数值大于 0。

接下来简单陈述根据数据转化函数的环境经济效率评估手段。

采取转化函数 $a'_i=-a+s>0(i=1,2,\cdots,m)$ 对非期望产出开始转换，s 是充分大的向量；下一步把 a'_i 当作正向产出应用到 DEA 方法里。

$$\max h_0$$

$$\sum_{j=1}^{n}\eta_j x_{ij}+s_i^-=x_{i0},i=1,2,\cdots,m,$$

$$\sum_{j=1}^{n}\eta_j y_{rj}-s_r^+=h_0 y_{r0},r=1,2,\cdots,s,$$

$$\sum_{j=1}^{n}\eta_j b_{tj}-s_t^+=h_0 b_{t0},t=1,2,\cdots,k, \tag{3-15}$$

$$\sum_{j=1}^{n}\eta_j=1,$$

$$\eta_j,s_i^-,s_r^+,s_t^+\geqslant 0,j,i,r,t$$

此手段是 Seiford 和 Zhu 在 21 世纪初的时候最早开始使用的，因为此手段可以基本维持线性和凸性特征，是比较合适准确的环境经济效率评估手段。所以，此手段的使用特别普遍。式（3-15）是根据非期望产出能够进行强解决的基础上的效率评估方法，能够引申到非期望产出能够弱解决的情形，此处不再赘述。

（4）距离函数法

此手段在测算环境经济效率的时候，第一步就需要说明特殊的方向，再根据该目标测算环境经济效率。这种方法是 Shephard 在 20 世纪 70 年代初首先使用的，Chung 等人根据非期望产出是能够弱解决的，使用了根据距离函数 DEA 方法对环境经济效率进行讨论。假设 $h=(h_z-h_a)$ 代表效率修正方向，那么环境经济效率评估方程式如下：

$$\vec{D}(x_0, z_0, a_0; h) = \max\alpha$$

$$\sum_{j=1}^{n} \eta_j x_{ij} \leqslant x_{i0}, i = 1, 2, \cdots, n,$$

$$\sum_{j=1}^{n} \eta_j y_{rj} \geqslant y_{r0} + \beta h_{z_r}, r = 1, 2, \cdots, s, \qquad (3-16)$$

$$\sum_{j=1}^{n} \eta_j a_{tj} = a_{t0} - \alpha h_{a_t}, t = 1, 2, \cdots, k,$$

$$\eta_j \geqslant 0, j = 1, 2, \cdots, m.$$

假如 $\vec{D}(x_0, z_0, a_0; h) = 0$ 时，DMU0 是有效的；相反，假如 $\vec{D}(x_0, z_0, a_0; h) > 0$ 时，则 DMU0 是无效的[120]。

鉴于本书数据的实际情况，结合以上几种非期望产出解决手段的特点，拟采用数据转换函数处理法中的线性处理转换对非期望产出进行处理。

表 3-10 所示的是我们对肉羊屠宰加工企业调研获取的化学需氧量（COD）、五日生化需氧量（BOD₅）、悬浮物（SS）排放量、动植物油和氨氮的排放量的描述性统计。

表 3-10　肉羊屠宰加工企业环境经济效率非期望产出描述性统计

单位：吨

变量		COD	BOD$_5$	SS	动植物油	氨氮
2014	均值	21.93	14.75	20.77	3.65	2.05
	标准差	14.09	10.35	15.64	2.62	1.86
	最大值	58.50	46.85	65.47	11.71	11.88
	最小值	3.80	1.90	1.70	0.29	0.22
2015	均值	22.02	14.87	21.26	3.76	2.04
	标准差	15.22	10.81	16.14	2.94	1.82
	最大值	61.57	41.73	65.24	13.85	11.80
	最小值	3.35	1.98	1.04	0.43	0.17
2016	均值	22.95	15.82	22.79	4.01	2.05
	标准差	16.35	12.11	17.09	3.21	1.73
	最大值	69.50	57.02	65.46	14.18	10.08
	最小值	2.99	1.55	1.70	0.56	0.26

（续）

变量		COD	BOD_5	SS	动植物油	氨氮
	均值	22.07	15.44	21.79	3.87	1.87
2017	标准差	15.18	11.55	16.03	3.11	1.35
	最大值	67.36	56.56	62.63	13.46	5.59
	最小值	3.36	1.83	2.56	0.63	0.29

注：同表 3-3。

我们对非期望产出采取函数 $a'_i = -a + s > 0 (i=1, 2, \cdots, n)$ 实施转换，s 选择 100。

3.4.2 测算结果及分析

表 3-11 肉羊屠宰加工企业环境经济效率

企业	环境经济效率				纯技术效率				规模效率			
	2014	2015	2016	2017	2014	2015	2016	2017	2014	2015	2016	2017
A1	0.275	0.574	0.324	0.469	0.277	0.718	0.544	1	0.992	0.799	0.595	0.469
A2	0.823	0.558	0.181	0.128	1	0.917	0.181	0.131	0.823	0.608	0.996	0.979
A3	0.184	0.120	0.127	0.164	0.185	0.125	0.130	0.167	0.996	0.964	0.981	0.986
A4	1	1	0.518	0.782	1	1	0.696	1	1	1	0.745	0.782
A5	0.144	0.218	0.153	0.157	0.148	0.220	0.154	0.182	0.969	0.991	0.993	0.865
A6	1	1	0.482	0.628	1	1	0.483	0.979	1	1	0.999	0.642
A7	0.632	1	0.688	0.792	1	1	1	1	0.632	1	0.688	0.792
A8	1	1	1	1	1	1	1	1	1	1	1	1
A9	1	1	1	1	1	1	1	1	1	1	1	1
A10	1	1	1	1	1	1	1	1	1	1	1	1
A11	1	1	1	1	1	1	1	1	1	1	1	1
A12	0.915	0.714	0.606	0.775	1	0.715	0.608	0.777	0.915	0.999	0.997	0.998
A13	0.422	0.588	0.357	0.629	0.422	0.588	0.358	0.727	0.999	0.999	0.995	0.864
A14	0.627	0.432	0.358	0.402	0.628	0.433	0.361	0.406	0.998	0.996	0.992	0.990
A15	0.329	0.576	0.295	0.456	0.333	0.628	0.299	0.456	0.990	0.917	0.987	0.999
A16	0.476	0.586	0.461	0.145	0.476	0.792	1	0.148	0.998	0.740	0.461	0.977
A17	0.781	0.626	0.303	0.449	0.781	0.648	0.304	0.629	0.999	0.966	0.997	0.715

（续）

企业	环境经济效率				纯技术效率				规模效率			
	2014	2015	2016	2017	2014	2015	2016	2017	2014	2015	2016	2017
A18	0.474	0.528	0.243	0.331	0.479	0.546	0.246	0.331	0.989	0.966	0.987	0.998
A19	0.649	0.555	0.211	0.297	0.649	0.559	0.213	0.297	0.999	0.992	0.991	1
A20	0.550	0.621	0.221	0.339	0.552	0.644	0.224	0.344	0.997	0.964	0.988	0.985
A21	0.492	0.502	0.219	0.303	0.495	0.503	0.221	0.305	0.995	0.998	0.990	0.994
A22	0.744	0.645	0.345	0.518	1	0.904	0.695	0.667	0.744	0.714	0.497	0.776
A23	0.351	0.523	0.181	0.312	0.352	0.566	0.182	0.600	0.997	0.924	0.996	0.519
A24	0.439	0.521	0.202	0.303	0.440	0.522	0.204	0.304	0.998	0.999	0.994	0.996
A25	0.621	0.602	0.545	0.960	0.623	0.602	0.547	1	0.997	1	0.997	0.960
A26	1	1	1	1	1	1	1	1	1	1	1	1
A27	0.541	0.526	0.381	0.533	1	1	1	1	0.541	0.526	0.381	0.533
A28	0.440	0.451	0.381	0.657	0.440	0.452	0.382	0.851	0.998	0.998	0.997	0.773
A29	0.869	0.955	0.369	0.540	1	1	1	1	0.869	0.955	0.369	0.540
A30	0.691	0.628	0.352	0.668	0.691	0.633	0.353	1	0.999	0.992	0.997	0.668
A31	0.412	0.427	0.212	0.341	1	0.781	0.720	1	0.412	0.547	0.294	0.341
A32	0.452	0.634	0.263	0.357	0.453	0.634	0.265	0.357	0.998	0.999	0.993	1
A33	0.721	0.625	0.578	0.780	0.723	0.626	0.579	0.835	0.998	0.998	0.998	0.934
A34	0.425	0.535	0.302	0.412	0.426	0.535	0.303	0.533	0.998	0.999	0.997	0.773
A35	0.421	0.451	0.266	0.393	0.422	0.473	0.267	0.462	0.997	0.955	0.997	0.851
A36	0.630	0.604	0.496	0.568	0.638	0.658	0.499	0.570	0.988	0.918	0.995	0.998
A37	0.471	0.101	0.100	0.121	0.471	0.104	0.103	0.124	0.999	0.971	0.972	0.977
A38	0.669	0.673	0.704	0.717	0.670	0.674	0.705	0.717	0.998	0.999	0.998	0.999
A39	0.647	0.501	0.367	0.506	0.648	0.502	0.368	0.507	0.999	0.999	0.998	0.999
A40	0.806	1	0.197	0.212	1	1	0.281	0.230	0.806	1	0.700	0.923
A41	0.565	0.763	0.286	0.343	1	1	0.851	1	0.565	0.763	0.336	0.343
A42	0.490	0.498	0.426	0.425	0.491	0.499	0.427	0.426	0.996	0.998	0.998	0.999
A43	0.552	0.522	0.366	0.547	0.554	0.523	0.367	0.548	0.997	0.999	0.998	0.999
A44	0.469	0.610	0.227	0.297	0.573	0.619	0.242	0.401	0.817	0.986	0.935	0.740
A45	0.380	0.464	0.284	0.327	0.381	0.465	0.284	0.327	0.998	0.998	0.997	0.998
A46	0.370	0.409	0.195	0.236	0.374	0.451	0.198	0.239	0.990	0.906	0.987	0.986
A47	0.769	0.748	0.280	0.393	0.773	1	0.596	1	0.994	0.748	0.470	0.393
A48	0.724	0.876	0.777	0.750	1	1	1	1	0.724	0.876	0.777	0.750

（续）

企业	环境经济效率				纯技术效率				规模效率			
	2014	2015	2016	2017	2014	2015	2016	2017	2014	2015	2016	2017
A49	0.578	0.571	0.598	0.525	0.579	0.572	1	0.905	0.999	0.999	0.598	0.580
A50	0.786	0.506	0.609	0.829	0.787	0.512	0.611	0.831	0.999	0.988	0.998	0.998
A51	0.645	0.658	0.485	0.504	0.774	0.680	0.545	0.504	0.833	0.967	0.890	0.999
A52	0.411	0.489	0.372	0.428	0.413	0.490	0.373	0.429	0.997	0.998	0.997	0.997
A53	0.550	0.951	0.438	0.585	0.839	1	1	1	0.656	0.951	0.438	0.585
A54	0.974	0.777	0.548	0.535	0.985	0.854	0.557	0.540	0.989	0.910	0.984	0.990
A55	0.266	0.291	0.220	0.290	0.269	0.293	0.221	0.291	0.989	0.995	0.994	0.998
A56	0.452	0.497	0.282	0.343	0.454	0.498	0.283	0.344	0.996	0.998	0.997	0.998
A57	0.224	0.281	0.133	0.228	0.226	0.287	0.135	0.229	0.991	0.981	0.986	0.992
A58	1	1	1	1	1	1	1	1	1	1	1	1
A59	0.363	0.232	0.220	0.366	0.365	0.232	0.221	0.367	0.996	0.997	0.997	0.997
A60	0.341	0.318	0.270	0.280	0.343	0.319	0.271	0.281	0.996	0.996	0.998	0.997
A61	0.544	0.518	0.197	0.246	0.547	0.703	0.200	0.248	0.995	0.737	0.987	0.991
均值	0.600	0.616	0.413	0.502	0.658	0.667	0.506	0.615	0.937	0.937	0.884	0.868

注：同表3-4。

根据表3-11可以得出以下结论：

（1）环境约束背景下，我国肉羊屠宰加工企业整体的环境经济效率处于较低的状态

被调研的肉羊屠宰加工企业2014—2017年的环境经济效率值θ的平均值分别为0.600、0.616、0.413和0.502，2014年到2016年分别有8家、10家、6家和6家企业的综合效率为1，达到了DEA有效，这说明被调研的肉羊屠宰加工企业整体的能源效率处于较低的状态。2015年由于受到羊源紧张和市场萧条的影响，肉羊屠宰加工企业把主要精力用于成本控制和排放控制上，造成了环境经济效率的上升，2016年羊肉产品价格下降平缓，2017年羊肉产品价格回升，肉羊屠宰加工企业把工作重点重新移到产品销售，造成环境经济效率的大幅下降。

（2）环境约束背景下，我国肉羊屠宰加工企业纯技术效率和规模效率呈现出较大差别

被调研的肉羊屠宰加工企业2014—2017年的纯技术效率值σ的平均值

分别为 0.658、0.667、0.506 和 0.615，规模效率 θ/σ 的平均值分别为 0.937、0.937、0.884 和 0.868，变化趋势与环境经济效率基本相同，分别有 18 家、16 家、13 家和 18 家企业的纯技术效率值为 1，分别有 8 家、11 家、6 家和 8 家企业的规模效率值为 1，这说明我国肉羊屠宰加工企业的纯技术效率和规模效率呈现出较大差别，规模效率明显。

（3）环境约束背景下，我国肉羊屠宰加工企业规模报酬出现波动

从表 3 - 12 所示的规模报酬阶段统计可以看出，位于规模报酬递增的企业数量呈现出倒 "N" 形变化，位于规模报酬递减的企业数量呈现出 "N" 形变化，这表明环境经济效率中产出要素增加的比例小于投入要素增加的比例。

表 3 - 12 环境约束背景下企业规模报酬阶段统计

规模报酬	2014	2015	2016	2017
递增阶段	35	20	38	23
递减阶段	18	31	17	26
不变阶段	8	10	6	12

3.5 不同背景下经济效率比较分析

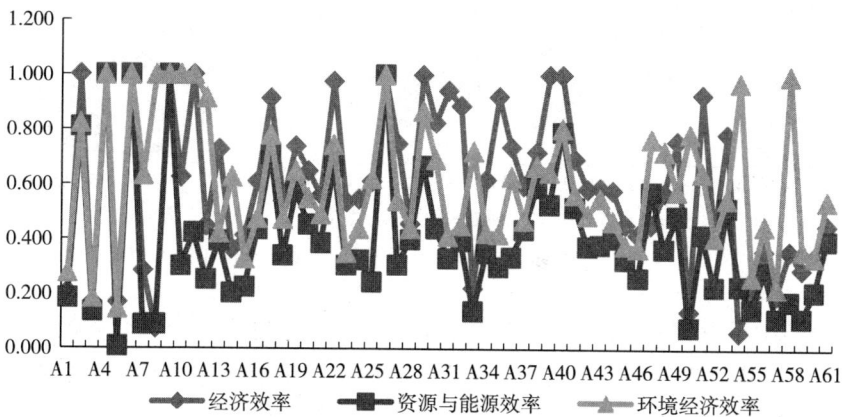

图 3 - 3 2014 年不同背景下企业经济效率对比图

从图 3 - 3 中，我们可以看出，在 2014 年，只有 3 家企业的资源与能源

效率高于其经济效率，表明这 3 家企业比较重视节能工作，有 20 家企业的环境经济效率高于其经济效率，表明这 20 家企业比较重视环境保护。

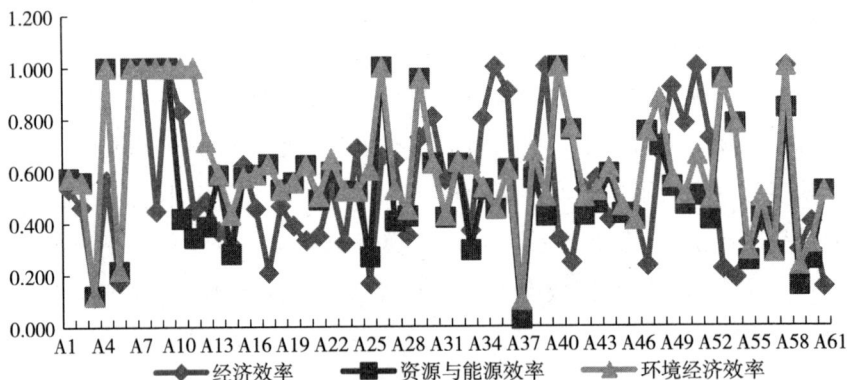

图 3-4　2015 年不同背景下企业经济效率对比图

从图 3-4 中，我们可以看出，在 2015 年，有 28 家企业的资源与能源效率都高于其经济效率，表明这 28 家企业比较重视节能工作，有 37 家企业的环境经济效率高于其经济效率，表明这 37 家企业比较重视环境保护。

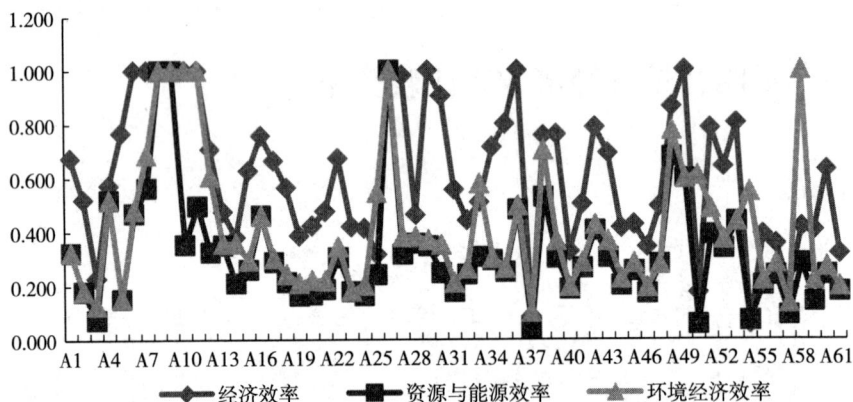

图 3-5　2016 年不同背景下企业经济效率对比图

从图 3-5 中，我们可以看出，在 2016 年，只有 1 家企业的资源与能源效率高于其经济效率，表明这 1 家企业比较重视节能工作，有 6 家企业的环境经济效率高于其经济效率，表明这 6 家企业比较重视环境保护。

从图 3-6 中，我们可以看出，在 2017 年，有 5 家企业的资源与能源效率高于其经济效率，表明这 5 家企业比较重视节能工作，有 15 家企业的环境经济效率高于其经济效率，表明这 15 家企业比较重视环境保护。

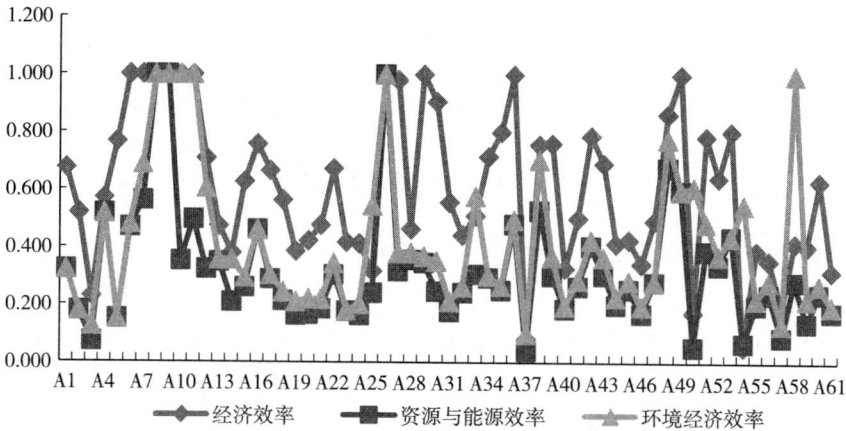

图 3-6　2017 年不同背景下企业经济效率对比图

3.6　本章小结

基于国内 61 家肉羊屠宰加工企业 2014 年到 2017 年的数据，使用 DEA 模型对肉羊屠宰加工企业不同背景下的经济效率进行测度，并进行比较，得出以下结论。

在不同背景下，我国肉羊屠宰加工企业整体的经济效率都处于较低的状态，纯技术效率和规模效率呈现出较大差别，规模报酬变化不一，但差别不大，规模效率明显。在节能背景下，肉羊屠宰加工企业资源与能源投入冗余情况严重。

通过对不同背景下我国肉羊屠宰加工企业的经济效率进行比较发现，2014 年，只有 3 家企业比较重视节能工作，有 20 家企业比较重视环境保护；2015 年，有 28 家企业比较重视节能工作，有 37 家企业比较重视环境保护；2016 年，只有 1 家企业比较重视节能工作，有 6 家企业比较重视环境保护；2017 年，有 5 家企业比较重视节能工作，有 15 家企业比较重视环境保护。

第4章 肉羊屠宰加工企业经济
效率影响因素分析

上一章我们对我国肉羊屠宰加工企业在不同背景下的经济效率进行了测算和比较分析，那么什么因素能够影响到肉羊屠宰加工企业的经济效率呢？本章将对不同背景下肉羊屠宰加工企业经济效率的影响因素进行分析。目前，国内现有企业经济效率相关研究文献中，比较多的研究角度是对影响因素进行定性分析，提出不同的观点。但是，较少有从严谨的理论视角对企业经济效率影响因素展开分析的，定量分析更为少见。

4.1 肉羊屠宰加工企业经济效率影响因素分析的方法、指标与数据

近几年国内学者在研究企业经济效率的影响因素时，不同的学者选取的影响因素指标不尽相同，但大部分学者选择的都是企业的微观因素也就是企业的特征。李仁安和夏林[121]（2001）使用 GRA 方法对企业经济效益的影响因素进行分析，选取工业资金利税率、工业增加值率、工业成本费用利润率、工业全员劳动生产率、流动资产周转次数作为影响因素；韩晶[122]（2008）使用 Tobit 方法对上市的中国钢铁企业的生产效率的影响因素进行分析，选取了技术人员比例、企业所在区域人均 GDP、企业所在区域煤和铁矿石含量和企业规模作为影响因素；范莉莉等[123]（2011）使用 GRA 方法对企业核心竞争力的影响因素进行分析，选取计划调控能力、组织协调能力、人力资源、知识产权和市场开发能力作为影响因素；许祥鹏和高阳[124]（2015）使用 GRA 方法对长株潭物流企业效率的影响因素进行分析，选取了缺货率、年仓储费用、物流员工人数、平均交货期、库存周转天数等作为

影响因素；黄金枝等[125]（2017）使用 Tobit 方法对工业企业创新效率的影响因素展开分析，选取了政府支持力度、企业规模、企业聚集度、企业技术水平和从业人员素质作为影响因素；范德成和杜明月[126]（2018）使用 Tobit 方法对高端装备制造企业的技术创新资源配置效率的影响因素进行分析，选取了企业规模、市场垄断和政府支持作为影响因素。

根据前人的研究结合肉羊屠宰加工企业的特点，本书分别选取灰色关联模型（GRA）和样本选择模型（Tobit）两种方法对不同背景下肉羊屠宰加工企业经济效率的影响因素进行分析。拟选取的指标如下：被解释变量为不同背景下企业的经济效率，解释变量选择核心员工平均受教育年限 x_1、开工率 x_2（由实际屠宰量与屠宰能力的比值表示）、研发人员比例 x_3、员工平均工龄 x_4、企业规模（由员工数量表示）x_5 和企业成立时长 x_6。各指标的描述性统计如表 4-1 所示。本章数据来源同第 3 章，由于数据量比较大，为了减少重复计算，本书选取 2015 年的企业数据进行分析。

表 4-1　肉羊屠宰加工企业经济效率影响因素指标描述性统计

	影响因素	核心员工平均受教育年限（年）	开工率（%）	研发人员比例（%）	员工平均年龄（岁）	员工数量（个）	成立时长（年）
	均值	14.38	49.05	3.95	35.98	136.31	9.34
变量	标准差	1.87	17.95	4.22	5.75	97.53	5.10
	最大值	18.00	93.33	24.93	51.00	369.00	21.00
	最小值	10.00	6.67		26.00	5.00	3.00

注：同表 3-3。

4.1.1　GRA 灰色关联模型及指标选择

灰色关联分析方法（GRA）的建模机理和测算过程如下：第一步是指定参数组和对比组；接下来参数组和对比组展开均值处置；之后再测算出参数组和对比组的灰色关联系数 $\xi_i = \dfrac{\Delta(\min) + \rho\Delta(\max)}{\Delta_i(a) + \rho\Delta(\max)}$，其中，$\rho$ 为分辨系数（一般为 0~1，本书选取 0.5），$\Delta(\min)$ 是第二级最小差，$\Delta(\max)$ 是第二级最大差，$\Delta_i(a)$ 为其他数列曲线上的点到参考数列曲线上的点的绝对差值；最后是求关联度 $\gamma_i = \dfrac{1}{N}\sum\limits_{k=1}^{N}\xi_i(k)$ 并排序。

4.1.2 Tobit 样本选择模型及指标选择

样本选择模型（Tobit）对肉羊屠宰加工企业经济效率的影响因素进行分析，在已有的关于效率及可能影响效率的变量之间关系的研究中，Tobit 模型被广泛应用，它的一般表示形式为 $y_i^* = \beta x_i + u_i$，$y_i = \begin{cases} y_i^*, & y_i^* > 0 \\ 0, & y_i^* \leqslant 0 \end{cases}$，其中 y_i 表示肉羊屠宰加工企业经济效率值；x_i 表示影响经济效率的解释变量，即影响因素；β 表示 x_i 的待估计参数，u_i 表示服从正态分布 $N(0, \sigma^2)$ 的随机误差项。

4.2 基于 GRA 灰色关联的不同背景分析

4.2.1 传统背景下的 GRA 灰色关联分析

表 4-2 传统背景下肉羊屠宰加工企业经济效率灰色关联变量

企业	经济效率	核心员工平均受教育年限（年）	开工率（%）	研发人员比例（%）	员工平均年龄（岁）	员工数量（个）	成立时长（年）
A1	0.533	17	60	3.819 444	36	288	5
A2	0.463	17	62	2.966 102	30	236	18
A3	0.118	16	40.666 67	3.794 038	39	369	8
A4	0.564	18	48.666 67	3.870 968	28	310	5
A5	0.173	18	81.25	2.150 538	26	279	5
A6	1	13	33.333 33	1.612 903	42	124	18
A7	1	11	25	1.960 784	44	51	8
A8	0.448	15	26.666 67	0	35	33	5
A9	1	18	35.714 29	24.927 54	36	345	5
A10	0.829	12	6.666 667	0	39	13	18
A11	0.452	10	12.5	0	40	9	8
A12	0.483	11	20	0	41	33	5
A13	0.368	14	55	2.491 103	33	281	5
A14	0.315	13	23.333 33	1.6	32	125	18

（续）

企业	经济效率	核心员工平均受教育年限（年）	开工率（%）	研发人员比例（%）	员工平均年龄（岁）	员工数量（个）	成立时长（年）
A15	0.623	16	20.833 33	1.851 852	29	324	8
A16	0.455	17	69	4.424 779	30	339	5
A17	0.208	14	66.666 67	1.666 667	34	180	5
A18	0.465	13	56.666 67	1.369 863	37	146	18
A19	0.389	14	46	2.583 026	32	271	8
A20	0.332	15	44	1.351 351	31	148	5
A21	0.348	14	40	2.424 242	34	165	5
A22	0.538	15	65	9	30	100	7
A23	0.322	16	50	4.651 163	31	172	13
A24	0.683	13	76.666 67	2.083 333	38	96	8
A25	0.165	11	30	2	43	50	12
A26	0.653	14	46.666 67	2.898 551	40	69	8
A27	0.638	13	43.333 33	3.389 831	41	59	12
A28	0.350	15	93.333 33	3.980 1	31	201	12
A29	0.727	15	60	3.076 923	36	65	14
A30	0.805	16	50	1.960 784	36	51	14
A31	0.566	15	93.333 33	4.8	32	125	18
A32	0.635	16	58.333 33	4.575 163	36	153	12
A33	0.369	14	50	4.347 826	45	23	4
A34	0.802	15	72.5	3.529 412	41	85	4
A35	1	13	26.666 67	2.222 222	44	45	7
A36	0.905	14	50	2.631 579	47	38	10
A37	0.031	16	40	0	28	58	4
A38	0.616	14	50	20	40	50	8
A39	1	12	55	2.380 952	40	42	21
A40	0.337	16	57.142 86	4	34	175	19
A41	0.244	14	73.333 33	4	31	200	4
A42	0.525	14	75	4.074 074	29	270	6
A43	0.569	14	33.333 33	3.333 333	40	90	12
A44	0.411	15	56	4.385 965	36	114	8

（续）

企业	经济效率	核心员工平均受教育年限（年）	开工率（%）	研发人员比例（%）	员工平均年龄（岁）	员工数量（个）	成立时长（年）
A45	0.436	15	62.5	4.022 989	36	174	4
A46	0.440	15	50	4.375	34	160	13
A47	0.232	16	43	4.291 845	32	233	4
A48	0.671	16	35	16.428 57	31	140	4
A49	0.918	13	57.142 86	4.166 667	44	72	17
A50	0.779	12	50	5	51	20	5
A51	1	13	50	4	48	25	19
A52	0.721	14	53.333 33	6.382 979	31	47	4
A53	0.219	16	36	3.208 556	33	187	5
A54	0.185	15	22	1.714 286	29	175	4
A55	0.318	15	51.111 11	4.878 049	35	123	9
A56	0.397	13	42.857 14	3.529 412	32	85	13
A57	0.371	16	64	5	31	140	12
A58	1	10	50	0	46	5	8
A59	0.292	12	52	2.173 913	30	46	14
A60	0.399	14	51.428 57	3.846 154	42	78	3
A61	0.151	16	42	5.853 659	33	205	10

对表4-2进行均值化处理，每一列的值减去这一列的平均值再取绝对值，得到表4-3。

表4-3　传统背景下肉羊屠宰加工企业经济效率均值化处理结果

企业	经济效率	核心员工平均受教育年限（年）	开工率（%）	研发人员比例（%）	员工平均年龄（岁）	员工数量（个）	成立时长（年）
A1	0.016	0.182	0.223	0.033	0.000	1.113	0.465
A2	0.117	0.182	0.264	0.249	0.166	0.731	0.926
A3	0.775	0.113	0.171	0.040	0.084	1.707	0.144
A4	0.076	0.252	0.008	0.020	0.222	1.274	0.465
A5	0.670	0.252	0.657	0.456	0.277	1.047	0.465
A6	0.907	0.096	0.320	0.592	0.167	0.090	0.926

（续）

企业	经济效率	核心员工平均受教育年限（年）	开工率（%）	研发人员比例（%）	员工平均年龄（岁）	员工数量（个）	成立时长（年）
A7	0.907	0.235	0.490	0.504	0.223	0.626	0.144
A8	0.146	0.043	0.456	1.000	0.027	0.758	0.465
A9	0.907	0.252	0.272	5.308	0.000	1.531	0.465
A10	0.581	0.165	0.864	1.000	0.084	0.905	0.926
A11	0.138	0.304	0.745	1.000	0.112	0.934	0.144
A12	0.079	0.235	0.592	1.000	0.139	0.758	0.465
A13	0.298	0.026	0.121	0.370	0.083	1.061	0.465
A14	0.399	0.096	0.524	0.595	0.111	0.083	0.926
A15	0.188	0.113	0.575	0.531	0.194	1.377	0.144
A16	0.132	0.182	0.407	0.120	0.166	1.487	0.465
A17	0.603	0.026	0.359	0.578	0.055	0.321	0.465
A18	0.113	0.096	0.155	0.653	0.028	0.071	0.926
A19	0.258	0.026	0.062	0.346	0.111	0.988	0.144
A20	0.367	0.043	0.103	0.658	0.138	0.086	0.465
A21	0.336	0.026	0.184	0.387	0.055	0.210	0.465
A22	0.026	0.043	0.325	1.277	0.166	0.266	0.251
A23	0.386	0.113	0.019	0.177	0.138	0.262	0.391
A24	0.303	0.096	0.563	0.473	0.056	0.296	0.144
A25	0.685	0.235	0.388	0.494	0.195	0.633	0.284
A26	0.245	0.026	0.049	0.267	0.112	0.494	0.144
A27	0.217	0.096	0.117	0.142	0.139	0.567	0.284
A28	0.333	0.043	0.903	0.007	0.138	0.475	0.284
A29	0.386	0.043	0.223	0.221	0.000	0.523	0.498
A30	0.535	0.113	0.019	0.504	0.000	0.626	0.498
A31	0.079	0.043	0.903	0.215	0.111	0.083	0.926
A32	0.211	0.113	0.189	0.158	0.000	0.122	0.284
A33	0.296	0.026	0.019	0.100	0.251	0.831	0.572
A34	0.529	0.043	0.478	0.107	0.139	0.376	0.572
A35	0.907	0.096	0.456	0.438	0.223	0.670	0.251
A36	0.726	0.026	0.019	0.334	0.306	0.721	0.070

（续）

企业	经济效率	核心员工平均 受教育年限 （年）	开工率 （%）	研发人员比例 （%）	员工平均年龄 （岁）	员工数量 （个）	成立时长 （年）
A37	0.941	0.113	0.184	1.000	0.222	0.575	0.572
A38	0.175	0.026	0.019	4.061	0.112	0.633	0.144
A39	0.907	0.165	0.121	0.397	0.112	0.692	1.247
A40	0.357	0.113	0.165	0.012	0.055	0.284	1.033
A41	0.535	0.026	0.495	0.012	0.138	0.467	0.572
A42	0.001	0.026	0.529	0.031	0.194	0.981	0.358
A43	0.085	0.026	0.320	0.156	0.112	0.340	0.284
A44	0.216	0.043	0.142	0.110	0.000	0.164	0.144
A45	0.169	0.043	0.274	0.018	0.000	0.276	0.572
A46	0.161	0.043	0.019	0.107	0.055	0.174	0.391
A47	0.558	0.113	0.123	0.086	0.111	0.709	0.572
A48	0.280	0.113	0.286	3.157	0.138	0.027	0.572
A49	0.751	0.096	0.165	0.054	0.223	0.472	0.819
A50	0.486	0.165	0.019	0.265	0.417	0.853	0.465
A51	0.907	0.096	0.019	0.012	0.334	0.817	1.033
A52	0.375	0.026	0.087	0.615	0.138	0.655	0.572
A53	0.582	0.113	0.266	0.188	0.083	0.372	0.465
A54	0.647	0.043	0.551	0.566	0.194	0.284	0.572
A55	0.394	0.043	0.042	0.234	0.027	0.098	0.037
A56	0.243	0.096	0.126	0.107	0.111	0.376	0.391
A57	0.292	0.113	0.305	0.265	0.138	0.027	0.284
A58	0.907	0.304	0.019	1.000	0.278	0.963	0.144
A59	0.443	0.165	0.060	0.450	0.166	0.663	0.498
A60	0.239	0.026	0.049	0.027	0.167	0.428	0.679
A61	0.712	0.113	0.144	0.481	0.083	0.504	0.070

　　对表 4-3 进行无量纲化处理，用比较数列（第二到第七列）减去参考数列（第一列）的值，得到表 4-4。

表 4-4　传统背景下肉羊屠宰加工企业经济效率极值选取

企业	核心员工平均受教育年限（年）	开工率（%）	研发人员比例（%）	员工平均年龄（岁）	员工数量（个）	成立时长（年）
A1	0.166	0.041	0.190	0.033	1.112	0.648
A2	0.065	0.082	0.015	0.083	0.565	0.195
A3	0.662	0.058	0.131	0.044	1.623	1.563
A4	0.176	0.244	0.013	0.201	1.052	0.809
A5	0.418	0.405	0.201	0.178	0.769	0.582
A6	0.811	0.225	0.271	0.425	0.077	0.836
A7	0.672	0.255	0.014	0.281	0.403	0.482
A8	0.102	0.413	0.544	0.973	0.731	0.293
A9	0.655	0.020	5.036	5.307	1.531	1.066
A10	0.416	0.699	0.136	0.916	0.821	0.022
A11	0.166	0.441	0.255	0.888	0.822	0.790
A12	0.156	0.357	0.408	0.861	0.618	0.293
A13	0.272	0.095	0.248	0.287	0.979	0.597
A14	0.303	0.429	0.071	0.484	0.028	0.843
A15	0.075	0.462	0.044	0.337	1.183	1.233
A16	0.050	0.224	0.287	0.047	1.321	1.022
A17	0.577	0.333	0.219	0.523	0.265	0.144
A18	0.017	0.060	0.498	0.625	0.043	0.855
A19	0.232	0.036	0.284	0.236	0.877	0.844
A20	0.324	0.060	0.555	0.520	0.053	0.379
A21	0.310	0.158	0.202	0.331	0.155	0.254
A22	0.017	0.282	0.952	1.111	0.100	0.016
A23	0.273	0.093	0.158	0.038	0.123	0.129
A24	0.207	0.467	0.090	0.417	0.240	0.152
A25	0.450	0.153	0.106	0.299	0.438	0.349
A26	0.219	0.022	0.218	0.155	0.382	0.350
A27	0.121	0.021	0.026	0.003	0.428	0.283
A28	0.289	0.860	0.896	0.131	0.336	0.190
A29	0.343	0.180	0.002	0.221	0.523	0.025
A30	0.422	0.093	0.484	0.503	0.625	0.128

（续）

企业	核心员工平均受教育年限（年）	开工率（%）	研发人员比例（%）	员工平均年龄（岁）	员工数量（个）	成立时长（年）
A31	0.036	0.860	0.688	0.104	0.028	0.843
A32	0.098	0.076	0.032	0.157	0.122	0.162
A33	0.270	0.007	0.081	0.150	0.581	0.259
A34	0.486	0.435	0.371	0.033	0.237	0.196
A35	0.811	0.361	0.019	0.215	0.447	0.419
A36	0.700	0.007	0.315	0.028	0.415	0.651
A37	0.828	0.072	0.816	0.778	0.353	0.003
A38	0.149	0.007	4.042	3.949	0.522	0.489
A39	0.742	0.044	0.276	0.286	0.580	0.555
A40	0.244	0.052	0.153	0.043	0.229	0.750
A41	0.508	0.469	0.483	0.126	0.329	0.105
A42	0.025	0.503	0.498	0.163	0.787	0.623
A43	0.059	0.294	0.164	0.045	0.228	0.056
A44	0.173	0.098	0.032	0.109	0.163	0.020
A45	0.125	0.231	0.256	0.018	0.276	0.295
A46	0.118	0.024	0.088	0.052	0.119	0.217
A47	0.445	0.010	0.037	0.025	0.599	0.137
A48	0.167	0.174	2.871	3.019	0.111	0.545
A49	0.655	0.069	0.111	0.168	0.249	0.348
A50	0.320	0.146	0.246	0.152	0.436	0.388
A51	0.811	0.076	0.007	0.322	0.483	0.217
A52	0.349	0.061	0.528	0.477	0.517	0.083
A53	0.469	0.153	0.078	0.105	0.289	0.093
A54	0.604	0.508	0.015	0.372	0.090	0.288
A55	0.350	0.001	0.192	0.207	0.070	0.061
A56	0.147	0.030	0.019	0.004	0.266	0.015
A57	0.180	0.192	0.040	0.127	0.111	0.257
A58	0.603	0.285	0.981	0.722	0.685	0.819
A59	0.278	0.105	0.390	0.284	0.496	0.164
A60	0.213	0.022	0.022	0.140	0.261	0.251
A61	0.599	0.031	0.338	0.398	0.421	0.434

设 $\Delta(\max)$ 和 $\Delta(\min)$ 分别表示表 4-4 中绝对值 $\Delta_i(a)$ 的最大值和最小值，则表 4-4 中 $\Delta(\max) = 5.307$，$\Delta(\min) = 0.001$，则灰色关联度系数 $\xi_i = \dfrac{\Delta(\min) + \rho\Delta(\max)}{\Delta_i(a) + \rho\Delta(\max)}$ 如表 4-5 所示（本书中，ρ 取值 0.5）。

表 4-5 传统背景下肉羊屠宰加工企业经济效率灰色关联系数

企业	核心员工平均受教育年限（年）	开工率（%）	研发人员比例（%）	员工平均年龄（岁）	员工数量（个）	成立时长（年）
A1	0.942	0.985	0.934	0.988	0.705	0.804
A2	0.976	0.971	0.995	0.970	0.825	0.932
A3	0.801	0.979	0.953	0.984	0.621	0.630
A4	0.938	0.916	0.996	0.930	0.716	0.767
A5	0.864	0.868	0.930	0.937	0.776	0.821
A6	0.766	0.922	0.908	0.862	0.972	0.761
A7	0.798	0.913	0.995	0.905	0.869	0.847
A8	0.963	0.866	0.830	0.732	0.785	0.901
A9	0.802	0.993	0.345	0.333	0.635	0.714
A10	0.865	0.792	0.952	0.744	0.764	0.992
A11	0.941	0.858	0.913	0.750	0.764	0.771
A12	0.945	0.882	0.867	0.755	0.811	0.901
A13	0.907	0.966	0.915	0.903	0.731	0.817
A14	0.898	0.861	0.974	0.846	0.990	0.759
A15	0.973	0.852	0.984	0.888	0.692	0.683
A16	0.982	0.923	0.903	0.983	0.668	0.722
A17	0.822	0.889	0.924	0.836	0.910	0.949
A18	0.994	0.979	0.842	0.810	0.985	0.757
A19	0.920	0.987	0.904	0.919	0.752	0.759
A20	0.892	0.979	0.827	0.837	0.981	0.875
A21	0.896	0.944	0.930	0.889	0.945	0.913
A22	0.994	0.904	0.736	0.705	0.964	0.995
A23	0.907	0.966	0.944	0.986	0.956	0.954
A24	0.928	0.851	0.968	0.865	0.918	0.946
A25	0.855	0.946	0.962	0.899	0.859	0.884
A26	0.924	0.992	0.925	0.945	0.875	0.884
A27	0.957	0.993	0.991	0.999	0.862	0.904
A28	0.902	0.756	0.748	0.953	0.888	0.934

（续）

企业	核心员工平均受教育年限（年）	开工率（%）	研发人员比例（%）	员工平均年龄（岁）	员工数量（个）	成立时长（年）
A29	0.886	0.937	1.000	0.924	0.836	0.991
A30	0.863	0.966	0.846	0.841	0.810	0.955
A31	0.987	0.756	0.794	0.963	0.990	0.759
A32	0.965	0.972	0.989	0.945	0.957	0.943
A33	0.908	0.998	0.971	0.947	0.821	0.911
A34	0.846	0.860	0.878	0.988	0.918	0.932
A35	0.766	0.881	0.993	0.926	0.856	0.864
A36	0.792	0.998	0.894	0.990	0.865	0.803
A37	0.763	0.974	0.765	0.774	0.883	1.000
A38	0.947	0.998	0.397	0.402	0.836	0.845
A39	0.782	0.984	0.906	0.903	0.821	0.827
A40	0.916	0.981	0.946	0.985	0.921	0.780
A41	0.840	0.850	0.846	0.955	0.890	0.963
A42	0.991	0.841	0.842	0.943	0.772	0.810
A43	0.979	0.901	0.942	0.984	0.921	0.980
A44	0.939	0.965	0.989	0.961	0.943	0.993
A45	0.955	0.920	0.912	0.994	0.906	0.900
A46	0.958	0.992	0.968	0.981	0.958	0.925
A47	0.857	0.997	0.987	0.991	0.816	0.951
A48	0.941	0.939	0.481	0.468	0.960	0.830
A49	0.802	0.975	0.960	0.941	0.915	0.885
A50	0.893	0.948	0.916	0.946	0.859	0.873
A51	0.766	0.972	0.998	0.892	0.847	0.925
A52	0.884	0.978	0.834	0.848	0.837	0.970
A53	0.850	0.946	0.972	0.962	0.902	0.967
A54	0.815	0.840	0.995	0.877	0.968	0.903
A55	0.884	1.000	0.933	0.928	0.975	0.978
A56	0.948	0.989	0.993	0.999	0.909	0.995
A57	0.937	0.933	0.986	0.955	0.960	0.912
A58	0.815	0.903	0.731	0.787	0.795	0.764
A59	0.906	0.962	0.872	0.904	0.843	0.942
A60	0.926	0.992	0.992	0.950	0.911	0.914
A61	0.816	0.989	0.888	0.870	0.863	0.860

最后是求关联度 $\gamma_i = \dfrac{1}{N}\sum\limits_{k=1}^{N}\xi_i(k)$。计算后的灰色关联度如表 4-6 所示。在传统背景下，经济效率的 GRA 灰色关联度的关联序为：$\gamma_2 > \gamma_3 > \gamma_1 > \gamma_4 > \gamma_6 > \gamma_5$，在传统背景下肉羊屠宰加工企业经济效率的灰色关联度从高到低为开工率、研发人员比例、核心员工平均受教育年限、员工平均年龄、企业成立时长和企业规模。

表 4-6　传统背景下肉羊屠宰加工企业经济效率影响因素灰色关联度

	γ_1	γ_2	γ_3	γ_4	γ_5	γ_6
传统背景	0.893 1	0.932 3	0.893 7	0.883 2	0.860 3	0.875 8

4.2.2　节能背景下的 GRA 灰色关联分析

节能背景下的 GRA 灰色关联分析步骤与传统背景下的相同，首先是对节能背景下的灰色关联变量进行均值化处理，然后进行无量纲化处理，确定绝对值 $\Delta_i(a)$ 的最大值和最小值，$\Delta(\max)=5.307$，$\Delta(\min)=0.001$，则灰色关联度系数 $\xi_i = \dfrac{\Delta(\min)+\rho\Delta(\max)}{\Delta_i(a)+\rho\Delta(\max)}$（本书中，$\rho$ 取值 0.5）。最后是求关联度 $\gamma_i = \dfrac{1}{N}\sum\limits_{k=1}^{N}\xi_i(k)$。计算后的灰色关联度如表 4-7 所示。节能效率的 GRA 灰色关联度的关联序为：$\gamma_1 > \gamma_2 > \gamma_3 > \gamma_4 > \gamma_6 > \gamma_5$，在节能背景下肉羊屠宰加工企业的经济效率的灰色关联度从高到低为核心员工平均受教育年限、开工率、研发人员比例、员工平均年龄、企业成立时长和企业规模（具体计算过程见附录）。

表 4-7　节能背景下肉羊屠宰加工企业经济效率影响因素灰色关联度

	γ_1	γ_2	γ_3	γ_4	γ_5	γ_6
节能背景	0.956 4	0.932 3	0.893 7	0.883 2	0.860 3	0.875 8

4.2.3　环境约束背景下的 GRA 灰色关联分析

环境约束背景下的 GRA 灰色关联分析步骤与传统背景下的相同，首先是对环境约束背景下的灰色关联变量进行均值化处理，然后进行无量纲化处理，确定绝对值的最大值和最小值，$\Delta(\max)=5.307$，$\Delta(\min)=0.001$，则灰色关联度系数 $\xi_i=\dfrac{\Delta(\min)+\rho\Delta(\max)}{\Delta_i(a)+\rho\Delta(\max)}$（本书中，$\rho$ 取值 0.5）。最后是求关联度 $\gamma_i=\dfrac{1}{N}\sum\limits_{k=1}^{N}\xi_i(k)$，计算后的灰色关联度如表 4-8 所示。在环境约束背景下，肉羊屠宰加工企业经济效率的 GRA 灰色关联度的关联序为：$\gamma_1>\gamma_2>\gamma_3>\gamma_4>\gamma_6>\gamma_5$，环境约束背景下肉羊屠宰加工企业的经济效率的灰色关联度从高到低为核心员工平均受教育年限、开工率、研发人员比例、员工平均年龄、企业成立时长和企业规模，与节能背景下企业的经济效率的灰色关联度排序完全一致（具体计算过程见附录）。

表 4-8　环境约束背景下肉羊屠宰加工企业经济效率影响因素灰色关联度

	γ_1	γ_2	γ_3	γ_4	γ_5	γ_6
环境约束	0.957 2	0.932 1	0.893 5	0.883 1	0.860 2	0.875 6

4.3　基于 Tobit 样本选择的不同背景分析

4.3.1　传统背景下的 Tobit 样本选择分析

表 4-9　传统背景下肉羊屠宰加工企业经济效率影响因素 Tobit 回归分析

经济效率	Coef.	Std. Err.	t	$P>\lvert t\rvert$	[95% Conf.	Interval]
核心员工平均受教育年限	0.000 355 4	0.024 128 1	0.01	0.988	−0.047 998 4	0.048 709 3
开工率	0.000 045 9	0.001 664 4	0.03	0.978	−0.003 289 7	0.003 381 5
研发人员比例	0.017 930 6	0.007 538 2	2.38	0.021**	0.002 823 8	0.033 037 4
员工平均年龄	0.028 018 2	0.006 647 2	4.22	0.000***	0.014 697	0.041 339 4
企业规模	−0.000 087 3	0.000 420 5	−0.21	0.836	−0.000 93	0.000 755 5
企业成立时长	0.013 489 5	0.005 814 4	2.32	0.024**	0.001 837 1	0.025 141 9
_ cons	−0.662 616 6	0.474 488	−1.40	0.168	−1.613 512	0.288 278 6
/sigma	0.214 756 7	0.021 28			0.172 110 6	0.257 402 7

注：作者根据数据使用 Stata 测算得出，*、＊＊、＊＊＊分别表示在 10%、5%、1%的统计水平上显著。

通过计算我们得出了如表 4-9 所示的传统背景下我国肉羊屠宰加工企业经济效率影响因素 Tobit 回归分析，从中可以看出，在传统背景下，研发人员比例、员工平均年龄和企业成立时长的影响显著为正，核心员工平均受教育年限和开工率的影响为正且不显著，企业规模的影响为负且不显著。

4.3.2　节能背景下的 Tobit 样本选择分析

表 4-10　节能背景下肉羊屠宰加工企业经济效率影响因素 Tobit 回归分析

资源与能源效率	Coef.	Std. Err.	t	P>｜t｜	[95% Conf.	Interval]
核心员工平均受教育年限	0.035 933 2	0.028 408 6	1.26	0.211	-0.020 999	0.092 865 3
开工率	-0.002 830 4	0.001 964 6	-1.44	0.155	-0.006 767 6	0.001 106 8
研发人员比例	0.007 856	0.009 064	0.87	0.390	-0.010 308 8	0.026 020 7
员工平均年龄	0.009 861 8	0.007 717 4	1.28	0.207	-0.005 604 3	0.025 327 9
企业规模	0.000 305 7	0.000 498 8	0.61	0.543	-0.000 693 9	0.001 305 3
企业成立时长	0.001 391 1	0.006 762 6	0.21	0.838	-0.012 161 5	0.014 943 7
_cons	-0.253 550 1	0.554 577 6	-0.46	0.649	-1.364 948	0.857 848 2
/sigma	0.253 076 6	0.025 210 3			0.202 554	0.303 599 2

注：同表 4-9。

通过计算我们得出了如表 4-10 所示的节能背景下我国肉羊屠宰加工企业经济效率影响因素 Tobit 回归分析，从中可以看出，在节能背景下，核心员工平均受教育年限、研发人员比例、员工平均年龄和企业成立时长的影响为正，开工率的影响为负，所有影响因素的影响都不显著。

4.3.3　环境约束背景下的 Tobit 样本选择分析

表 4-11　环境约束背景下肉羊屠宰加工企业经济效率影响因素 Tobit 回归分析

环境经济效率	Coef.	St d. Err.	t	P>｜t｜	[95% Conf.	Interval]
核心员工平均受教育年限	-0.003 05	0.028 178	-0.11	0.914	-0.059 52	0.053 417
开工率	-0.005 66	0.001 963	-2.88	0.006 ***	-0.009 59	-0.001 73

（续）

环境经济效率	Coef.	St d. Err.	t	$P>|t|$	[95% Conf.	Interval]
研发人员比例	0.010 351	0.008 852	1.17	0.247	−0.007 39	0.028 091
员工平均年龄	0.005 936	0.007 585	0.78	0.437	−0.009 27	0.021 138
企业规模	7.53E−05	0.000 49	0.15	0.878	−0.000 91	0.001 057
企业成立时长	0.001 436	0.006 689	0.21	0.831	−0.011 97	0.014 841
_ cons	0.680 67	0.549 6	1.24	0.221	−0.420 75	1.782 093
/sigma	0.247 997	0.025 727			0.196 439	0.299 555

注：同表 4 - 9。

通过计算我们得出了如表 4 - 11 所示的环境约束背景下我国肉羊屠宰加工企业经济效率影响因素 Tobit 回归分析，从中可以看出，在环境约束背景下，开工率的影响显著为负，研发人员比例、员工平均年龄、企业规模和企业成立时长的影响为正且不显著，核心员工平均受教育年限的影响为负且不显著。

4.4　本章小结

选取国内 61 家肉羊屠宰加工企业 2015 年的数据，结合前人的研究以及肉羊屠宰加工企业的实际情况，使用灰色关联分析方法 GRA 和样本选择模型 Tobit 对选取的员工平均受教育年限、开工率、研发人员比例、员工平均年龄、企业规模和企业成立时长 6 个影响因素进行分析，得出以下结论。

第一，传统背景下肉羊屠宰加工企业经济效率的灰色关联度从高到低为开工率、研发人员比例、核心员工平均受教育年限、员工平均年龄、企业成立时长和企业规模；节能背景下肉羊屠宰加工企业的经济效率的灰色关联度从高到低为核心员工平均受教育年限、开工率、研发人员比例、员工平均年龄、企业成立时长和企业规模；环境约束背景下肉羊屠宰加工企业的经济效率的灰色关联度从高到低为核心员工平均受教育年限、开工率、研发人员比例、员工平均年龄、企业成立时长和企业规模。

第二，在传统背景下，研发人员比例、员工平均年龄和企业成立时长的影响显著为正，核心员工平均受教育年限和开工率的影响为正且不显著，企业规模的影响为负且不显著；在节能背景下，核心员工平均受教育年限、研发人员比例、员工平均年龄和企业成立时长的影响为正，开工率的影响为负，所有影响因素的影响都不显著；在环境约束背景下，开工率的影响显著为负，研发人员比例、员工平均年龄、企业规模和企业成立时长的影响为正且不显著，核心员工平均受教育年限的影响为负且不显著。

第 5 章　肉羊屠宰加工企业环境经济效率的特征分析

肉羊屠宰加工企业在环境约束背景下的经济效率即环境经济效率是本书的重点研究对象，为了明晰我国肉羊屠宰加工企业环境经济效率的时间、空间和规模演变特征以及空间收敛特征，本章将参考王丽明[127]（2017）的做法，使用 Malmquist-DEA 对肉羊屠宰加工企业的环境经济效率进行分析，本章的数据来源同第 3 章。首先对肉羊屠宰加工企业环境效率的时间、空间以及规模特征进行分析，接下来对环境经济效率的空间收敛特征进行分析。

5.1　肉羊屠宰加工企业环境经济效率的时空演变特征

5.1.1　Malmquist 指数

1953 年瑞典学者 Malmquist 在剖析消费过程时首次定义了 Malmquist 指数。1982 年 Caves、Christensen 和 Diewert 开始将 Malmquist 指数应用于测算生产效率的变化，Fare 在 1994 年将 DEA 方法和 Malmquist 指数模型的非参数线性规划方法相互结合，使得 Malmquist 指数被广泛应用。传统的 DEA 方法只能对同期数据进行横向分析，而基于 DEA 的 Malmquist 指数模型弥补了这一缺陷，它被广泛应用于处理多产出、多投入的面板数据集。依靠距离函数的定义，Malmquist 指数可用于跨期对环境经济效率进行纵向的分析。本书计算的 Malmquist 指数如下：

$$M_0^{t,t+1}(x_{t+1},\ y_{t+1},\ x_t,\ y_t) = \left[\frac{d_0^t(x_{t+1},\ y_{t+1})}{d_0^t(x_t,\ y_t)} \times \frac{d_0^{t+1}(x_{t+1},\ y_{t+1})}{d_0^{t+1}(x_t,\ y_t)}\right]^{\frac{1}{2}}$$

$$(5-1)$$

式（5-1）中，x_t，y_t，x_{t+1}，y_{t+1} 分别表示 t 和 $(t+1)$ 时期的投入和

产出，$d_0^t(x_t, y_t)$，$d_0^t(x_{t+1}, y_{t+1})$，$d_0^{t+1}(x_t, y_t)$，$d_0^{t+1}(x_{t+1}, y_{t+1})$ 为距离函数。Malmquist 指数 $M_0^{t,t+1}$ 度量了从 t 到（$t+1$）时期的环境经济效率变化（TFP）。

5.1.2　肉羊屠宰加工企业环境经济效率的时间演变特征

本章运用 Stata 软件对可变规模报酬（VRS）和规模报酬不变（CRS）情景下 2014—2015 年、2015—2016 年和 2016—2017 年的 Malmquist-DEA 环境经济效率进行计算，具体结果如表 5-1、表 5-2 和表 5-3 所示。

表 5-1　2014—2015 年肉羊屠宰加工企业环境经济效率 Malmquist 指数分析结果

企业	$Effch$	$Techch$	$Pech$	$Sech$	$Tfpch$
A1	1.000	1.452	1.000	1.000	1.452
A2	0.998	1.376	0.998	1.000	1.373
A3	0.994	1.637	0.994	1.000	1.626
A4	1.000	1.138	1.000	1.000	1.138
A5	1.000	1.734	1.000	1.000	1.734
A6	1.003	1.406	1.000	1.003	1.411
A7	1.005	1.418	1.005	1.000	1.425
A8	1.000	1.489	1.000	1.000	1.489
A9	1.000	1.398	1.000	1.000	1.398
A10	1.000	1.717	1.000	1.000	1.717
A11	1.000	1.720	1.000	1.000	1.720
A12	1.000	1.445	1.000	1.000	1.445
A13	0.997	1.404	0.997	1.000	1.400
A14	0.999	1.429	0.999	1.000	1.428
A15	1.000	1.413	1.000	1.000	1.413
A16	1.000	1.466	1.000	1.000	1.466
A17	1.000	1.405	1.000	1.000	1.405
A18	1.000	1.430	1.000	1.000	1.430
A19	0.990	1.454	0.990	1.000	1.439
A20	1.000	1.423	1.000	1.000	1.423
A21	1.003	1.472	1.003	1.000	1.476
A22	1.000	1.404	1.000	1.000	1.404

（续）

企业	*Effch*	*Techch*	*Pech*	*Sech*	*Tfpch*
A23	1.009	1.652	1.009	1.000	1.667
A24	1.011	1.516	1.011	1.000	1.533
A25	1.000	1.448	1.000	1.000	1.448
A26	1.000	1.442	1.000	1.000	1.442
A27	1.000	1.397	1.000	1.000	1.397
A28	1.000	1.548	1.000	1.000	1.548
A29	1.000	1.392	1.000	1.000	1.392
A30	1.004	1.453	1.004	1.000	1.459
A31	1.000	1.376	1.000	1.000	1.376
A32	1.007	1.494	1.007	1.000	1.505
A33	1.000	1.432	1.000	1.000	1.433
A34	1.004	1.462	1.004	1.000	1.468
A35	1.001	1.525	1.001	1.000	1.526
A36	1.000	1.448	1.000	1.000	1.448
A37	0.997	1.578	0.997	1.000	1.573
A38	0.996	1.497	0.996	1.000	1.491
A39	0.996	1.471	0.996	1.000	1.466
A40	1.000	1.391	1.000	1.000	1.391
A41	1.000	1.387	1.000	1.000	1.387
A42	0.999	1.481	0.999	1.000	1.479
A43	0.998	1.440	0.998	1.000	1.437
A44	1.000	1.400	1.000	1.000	1.400
A45	0.996	1.432	0.996	1.000	1.427
A46	1.000	1.567	1.000	1.000	1.567
A47	1.001	1.566	1.001	1.000	1.568
A48	1.000	1.410	1.000	1.000	1.410
A49	0.998	1.476	0.998	1.000	1.473
A50	1.000	1.446	1.000	1.000	1.446
A51	0.998	1.412	0.998	1.000	1.409
A52	1.000	1.449	1.000	1.000	1.448
A53	1.000	1.388	1.000	1.000	1.388
A54	1.000	1.457	1.000	1.000	1.457

（续）

企业	Effch	Techch	Pech	Sech	Tfpch
A55	1.000	1.445	1.000	1.000	1.445
A56	1.000	1.433	1.000	1.000	1.433
A57	1.000	1.417	1.000	1.000	1.418
A58	1.000	1.583	1.000	1.000	1.583
A59	1.000	1.398	1.000	1.000	1.398
A60	1.000	1.394	1.000	1.000	1.394
A61	1.000	1.392	1.000	1.000	1.392
均值	1.000	1.461	1.000	1.000	1.461

表 5－2　2015—2016 年肉羊屠宰加工企业环境经济效率 Malmquist 指数分析结果

企业	Effch	Techch	Pech	Sech	Tfpch
A1	1.000	1.184	1.000	1.000	1.184
A2	0.981	1.140	0.981	1.000	1.119
A3	1.010	1.439	1.010	1.000	1.454
A4	1.000	1.164	1.000	1.000	1.164
A5	0.990	1.429	0.990	1.000	1.414
A6	0.997	1.216	0.997	1.000	1.212
A7	0.998	1.219	0.998	1.000	1.216
A8	1.000	1.124	1.000	1.000	1.124
A9	1.000	1.238	1.000	1.000	1.238
A10	1.000	1.410	1.000	1.000	1.410
A11	1.000	0.930	1.000	1.000	0.930
A12	1.000	1.226	1.000	1.000	1.226
A13	0.983	1.280	0.983	1.000	1.258
A14	1.003	1.236	1.003	1.000	1.240
A15	1.000	1.220	1.000	1.000	1.220
A16	1.000	1.191	1.000	1.000	1.191
A17	1.000	1.221	1.000	1.000	1.221
A18	1.000	1.255	1.000	1.000	1.255
A19	1.004	1.255	1.004	1.000	1.260
A20	0.993	1.217	0.993	1.000	1.209

（续）

企业	Effch	Techch	Pech	Sech	Tfpch
A21	1.000	1.230	1.000	1.000	1.230
A22	1.000	1.205	1.000	1.000	1.205
A23	0.981	1.344	0.981	1.000	1.318
A24	1.000	1.327	1.000	1.000	1.327
A25	0.999	1.248	0.999	1.000	1.248
A26	1.000	1.241	1.000	1.000	1.241
A27	1.000	1.216	1.000	1.000	1.216
A28	0.998	1.356	0.998	1.000	1.353
A29	1.000	1.198	1.000	1.000	1.198
A30	1.005	1.254	1.005	1.000	1.260
A31	1.000	1.197	1.000	1.000	1.197
A32	0.998	1.309	0.998	1.000	1.306
A33	1.001	1.242	1.001	1.000	1.244
A34	0.998	1.273	0.998	1.000	1.270
A35	0.999	1.321	0.999	1.000	1.319
A36	1.000	1.254	1.000	1.000	1.254
A37	0.997	1.371	0.997	1.000	1.367
A38	1.004	1.278	1.004	1.000	1.284
A39	1.004	1.260	1.004	1.000	1.264
A40	1.000	0.972	1.000	1.000	0.972
A41	1.000	1.161	1.000	1.000	1.161
A42	1.000	1.287	1.000	1.000	1.288
A43	1.002	1.257	1.002	1.000	1.260
A44	1.000	1.210	1.000	1.000	1.211
A45	1.002	1.240	1.002	1.000	1.242
A46	1.000	1.332	1.000	1.000	1.332
A47	1.001	1.287	1.001	1.000	1.288
A48	1.000	1.223	1.000	1.000	1.223
A49	1.003	1.257	1.003	1.000	1.262
A50	1.001	1.264	1.001	1.000	1.266
A51	1.000	1.225	1.000	1.000	1.225
A52	1.001	1.254	1.001	1.000	1.255

（续）

企业	Effch	Techch	Pech	Sech	Tfpch
A53	1.000	1.096	1.000	1.000	1.096
A54	1.003	1.266	1.003	1.000	1.269
A55	1.000	1.252	1.000	1.000	1.252
A56	0.998	1.227	0.998	1.000	1.224
A57	1.002	1.230	1.002	1.000	1.232
A58	1.000	1.395	1.000	1.000	1.395
A59	1.000	1.215	1.000	1.000	1.215
A60	1.000	1.209	1.000	1.000	1.209
A61	1.000	1.179	1.000	1.000	1.179
均值	0.999	1.242	0.999	1.000	1.241

表 5 - 3　2016—2017 年肉羊屠宰加工企业环境经济效率 Malmquist 指数分析结果

企业	Effch	Techch	Pech	Sech	Tfpch
A1	1.000	1.178	1.000	1.000	1.178
A2	1.003	1.223	1.003	1.000	1.226
A3	1.007	1.320	1.007	1.000	1.330
A4	1.000	1.258	1.000	1.000	1.258
A5	1.008	1.313	1.008	1.000	1.323
A6	1.003	1.143	1.003	1.000	1.147
A7	1.002	1.142	1.002	1.000	1.144
A8	1.000	1.008	1.000	1.000	1.008
A9	1.000	0.953	1.000	1.000	0.953
A10	1.000	1.019	1.000	1.000	1.019
A11	1.000	1.157	1.000	1.000	1.157
A12	1.000	1.172	1.000	1.000	1.172
A13	1.013	1.233	1.013	1.000	1.250
A14	1.000	1.173	1.000	1.000	1.173
A15	1.000	1.179	1.000	1.000	1.179
A16	0.998	1.019	0.998	1.000	1.017
A17	1.000	1.171	1.000	1.000	1.171
A18	1.000	1.188	1.000	1.000	1.188

（续）

企业	Effch	Techch	Pech	Sech	Tfpch
A19	1.006	1.232	1.006	1.000	1.239
A20	0.996	1.196	0.996	1.000	1.191
A21	1.000	1.219	1.000	1.000	1.219
A22	1.000	1.152	1.000	1.000	1.152
A23	1.018	1.304	1.018	1.000	1.327
A24	1.004	1.244	1.004	1.000	1.250
A25	1.002	1.174	1.002	1.000	1.176
A26	1.000	1.163	1.000	1.000	1.163
A27	1.000	1.146	1.000	1.000	1.146
A28	1.013	1.267	1.013	1.000	1.284
A29	1.000	1.143	1.000	1.000	1.143
A30	1.004	1.175	1.004	1.000	1.179
A31	1.000	1.133	1.000	1.000	1.133
A32	1.001	1.279	1.001	1.000	1.280
A33	1.001	1.168	1.001	1.000	1.169
A34	1.003	1.201	1.003	1.000	1.205
A35	1.010	1.241	1.010	1.000	1.254
A36	1.000	1.176	1.000	1.000	1.176
A37	1.009	1.281	1.009	1.000	1.293
A38	0.999	1.190	0.999	1.000	1.188
A39	1.003	1.181	1.003	1.000	1.184
A40	1.000	1.142	1.000	1.000	1.142
A41	1.000	1.138	1.000	1.000	1.138
A42	1.003	1.201	1.003	1.000	1.205
A43	1.005	1.172	1.005	1.000	1.178
A44	1.000	1.148	1.000	1.000	1.148
A45	1.001	1.172	1.001	1.000	1.173
A46	1.000	1.271	1.000	1.000	1.271
A47	1.002	1.234	1.002	1.000	1.236
A48	1.000	1.104	1.000	1.000	1.104
A49	1.000	1.094	1.000	1.000	1.094
A50	1.002	1.170	1.002	1.000	1.173

（续）

企业	$Effch$	$Techch$	$Pech$	$Sech$	$Tfpch$
A51	1.002	1.152	1.002	1.000	1.154
A52	1.004	1.177	1.004	1.000	1.181
A53	1.000	1.138	1.000	1.000	1.138
A54	1.003	1.197	1.003	1.000	1.200
A55	1.000	1.176	1.000	1.000	1.176
A56	1.002	1.173	1.002	1.000	1.175
A57	1.001	1.159	1.001	1.000	1.161
A58	1.000	1.174	1.000	1.000	1.174
A59	1.000	1.147	1.000	1.000	1.147
A60	1.000	1.142	1.000	1.000	1.142
A61	1.000	1.130	1.000	1.000	1.130
均值	1.002	1.176	1.002	1.000	1.178

其中 $Effch$（EC）表示技术效率变动（相对于不变规模报酬生产技术）；$Techch$（TEC）表示技术变动；$Pech$（PEC）表示纯技术效率变动（相对于变规模报酬生产技术）；$Sech$（SEC）表示规模效率变动；$Tfpch$（TFP）表示环境经济效率变动。$Malmquist$ 环境经济效率指数（TFP）大于（小于）1 表示环境经济效率增长（下降）；纯技术效率变动（PEC）大于（小于）1 表示效率改进（恶化）；技术变动（TEC）大于（小于）1 表示技术进步（退步）；规模效率变动（SEC）大于（小于）1 表示规模效率提高（下降）；技术效率变动（EC）大于（小于）1 衡量的是技术效率提高（下降）。

$$TFP = EC \times TEC \times PEC \times SEC \qquad (5-2)$$

表 5-1 中，2014—2015 年的环境经济效率指数（TFP）等于 1.461 表示环境经济效率增长；纯技术效率变动（PEC）等于 1 表示效率无变动；技术变动（TEC）等于 1.461 表示技术进步；规模效率变动（SEC）等于 1 表示规模效率无变动；技术效率变动（EC）等于 1 表示技术效率没有偏离。

表 5-2 中，2015—2016 年的环境经济效率指数（TFP）等于 1.241 表示环境经济效率增长；纯技术效率变动（PEC）等于 0.999 表示效率恶化；技术变动（TEC）等于 1.242 表示技术进步；规模效率变动（SEC）等于 1 表

示规模效率无变动；技术效率变动（EC）等于 0.999 表示技术效率下降。表 5 - 3 中，2016—2017 年的环境经济效率指数（TFP）等于 1.178 表示环境经济效率增长；纯技术效率变动（PEC）等于 1.002 表示效率改进；技术变动（TEC）等于 1.176 表示技术进步；规模效率变动（SEC）等于 1.002 表示规模效率提高；技术效率变动（EC）等于 1 表示技术效率没有偏离。

5.1.3　肉羊屠宰加工企业环境经济效率的空间演变特征

我们将调研的 61 家肉羊屠宰加工企业所在的 13 个省按照其所处的地理位置差别分为东部区域、中部区域和西部区域，其中东部区域包括天津、河北和浙江 3 个省（直辖市）；中部区域包括内蒙古、山西、吉林、河南和黑龙江省，西部区域包括甘肃、青海、贵州、新疆和四川省，具体的调研企业的区域分布情况如表 5 - 4 所示。

表 5 - 4　调研企业的区域分布情况

调研企业	E	M	W
数量（个）	4	50	7
比例（%）	6.56	81.97	11.48

注：其中 E、M 和 W 分别表示东、中和西部区域。

从表 5 - 4 可以看出，被调研的 61 家肉羊屠宰加工企业中有 50 家位于中部地区，占样本量的 81.97%，其中来自内蒙古的肉羊屠宰加工企业数量最多；有 4 家企业位于东部地区，占样本量的 6.56%；有 7 家企业位于西部地区，占样本量的 11.48%。各个区域企业的环境经济效率平均值如表 5 - 5 所示。

表 5 - 5　2014—2017 年各区域企业环境经济效率

变量	全国	E	M	W
2014	0.600	0.398	0.596	0.740
2015	0.616	0.427	0.615	0.733
2016	0.413	0.246	0.395	0.637

（续）

变量	全国	E	M	W
2017	0.501	0.300	0.495	0.669
最小值	0.413	0.246	0.395	0.637
最大值	0.616	0.427	0.615	0.740
均值	0.532	0.343	0.525	0.695
标准差	0.093	0.084	0.101	0.050

注：同表 3-3、表 5-4。

对各个区域来说，肉羊屠宰加工企业环境经济效率的区别十分显著，西部区域的肉羊屠宰加工企业的环境经济效率均值是 0.695，明显比东部区域的 0.343 和中部区域的 0.525 要大。我国的中西部区域的原料肉羊存栏量十分充裕，占据明显的地理优势，另外，西部区域的土地成本和工资成本相对较低。

全国肉羊屠宰加工企业的环境经济效率均值只有 0.532，说明肉羊屠宰加工企业投入指标的使用效率仍然较低，肉羊屠宰加工企业的真实生产和最佳生产当中还有很大的距离。在现有的肉羊屠宰加工企业的装备工艺能力恒定的基础上，总的来说，假如可以减少环境经济效率损耗，肉羊屠宰加工企业的环境经济效率尚存在超过四成的提高可能。

5.1.4　肉羊屠宰加工企业环境经济效率的规模演变特征

将肉羊屠宰加工企业按照 2014—2017 年肉羊的平均实际屠宰量大小分为大型、中型、小型和微型肉羊屠宰加工企业四类。其中大型肉羊屠宰加工企业是指 2014—2017 年平均实际屠宰量在 50 万只以上的企业；中型肉羊屠宰加工企业是指 2014—2017 年平均实际屠宰量在 30 万只和 50 万只之间的企业；小型肉羊屠宰加工企业是指 2014—2017 年平均实际屠宰量在 10 万只和 30 万只之间的企业；微型肉羊屠宰加工企业是指 2014—2017 年平均实际屠宰量在 10 万只以下的企业，详细的划分情况如表 5-6 所示。其中微型肉羊屠宰加工企业 14 家，占样本量的 22.95%；小型肉羊屠宰加工企业 31 家，占样本量的 50.82%；中型肉羊屠宰加工企业 9 家，占样本量的 14.75%；大型肉羊屠宰加工企业 7 家，占样本量的 11.48%。

表 5-6　调研企业的规模划分情况

调研企业	微型	小型	中型	大型
数量	14	31	9	7
比例（%）	22.95	50.82	14.75	11.48

经过计算，形成了如表 5-7 所示的不同规模企业的环境经济效率，其中微型肉羊屠宰加工企业环境经济效率均值最高，达到了 0.747；其次是小型肉羊屠宰加工企业，环境经济效率均值是 0.502，再次是大型肉羊屠宰加工企业，环境经济效率均值是 0.413，中型肉羊屠宰加工企业最低，环境经济效率均值是 0.399；这可能与小、微型肉羊屠宰加工企业在羊肉产品市场价格剧烈变动中灵活的原料肉羊采购模式有关，这说明在羊肉产品市场价格剧烈变动的 2014—2017 年，肉羊屠宰加工企业环境经济效率的提高与企业规模存在一些微妙的联系。

总的来说，中型肉羊屠宰加工企业之间的环境经济效率区别最大，微型肉羊屠宰加工企业之间的环境经济效率区别最小。2014—2017 年，除了微型企业之外的其他规模企业的环境经济效率均表现出先升后降再升的"N"字形变化趋势，且下降的程度高于上升的程度。环境经济效率峰值都表现在 2015 年，环境经济效率的谷值都出现在 2016 年。而微型企业的环境经济效率表现出"V"字形变化趋势，峰值出现在 2014 年，谷值也是出现在 2016 年。

表 5-7　2014—2017 年不同规模企业的环境经济效率

年份	总体	微型	小型	中型	大型
2014	0.600	0.780	0.574	0.504	0.475
2015	0.616	0.755	0.587	0.574	0.521
2016	0.413	0.669	0.378	0.220	0.303
2017	0.501	0.747	0.502	0.399	0.413
最小值	0.413	0.669	0.378	0.220	0.303
最大值	0.616	0.780	0.587	0.574	0.521
均值	0.532	0.747	0.502	0.399	0.413
标准差	0.093	0.054	0.098	0.167	0.102

5.2　肉羊屠宰加工企业环境经济效率的区域收敛特征

收敛性的研究起源于对经济增长的研究，近些年来，收敛性理论被推广到能源和环境效率领域。部分文献开始研究地区差异的环境效率的收敛特征，这些文献为本研究的开展提供了非常有价值的理论依据。由于我国各区域资源构成存在差异，经济发展水平也存在明显区别，这必然会导致肉羊屠宰加工企业废弃物排放的空间分布也不一样。为了分析全国整体和东中西部区域肉羊屠宰加工企业废弃物排放的组内差异水平，还有就是检验在样本期内会不会具备收敛特征，本书将使用 α 收敛，绝对 β 收敛和条件 β 收敛验证肉羊屠宰加工企业环境经济效率，同时检测收敛的速度是什么样的。

5.2.1　α 收敛特征分析

α 收敛往往是被用于衡量对象因素的差别跟着时间能否表现出逐步下降的势头。本部分的 α 收敛研究采取变异系数（Coefficient of Variation，CV）代表。σ 是标准差，μ 是均值，那么 $\alpha=CV=\dfrac{\sigma}{\mu}$。

$$\sigma=\sqrt{\frac{1}{n-1}\sum_{j=1}^{n}(EE_{j,t}-\overline{EE_t})^2} \qquad (5-3)$$

其中，n 表示肉羊屠宰加工企业数目，$EE_{j,t}$ 表示第 j 个肉羊屠宰加工企业在 t 时段的环境经济效率，$\overline{EE_t}$ 表示 t 时段的环境经济效率平均值。假设有 $\alpha_{t+1}<\alpha_t$，则能够说明肉羊屠宰加工企业之间的环境经济效率差异水准较靠近。

表 5 - 8　2014—2017 年不同区域肉羊屠宰加工企业环境经济效率 α 值

年份	全国	E	M	W
2014	0.235 2	0.025 7	0.206 4	0.083 6
2015	0.235 2	0.053 6	0.210 6	0.090 0
2016	0.247 6	0.042 9	0.200 2	0.140 5
2017	0.252 5	0.019 8	0.217 4	0.184 6

注：同表 5 - 4。

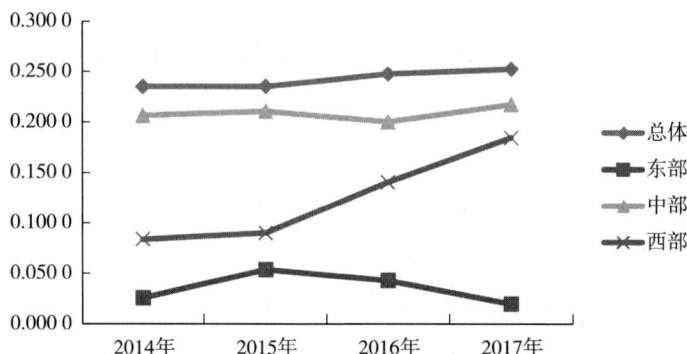

图5-1 2014—2017年不同区域肉羊屠宰加工企业环境经济效率 α 值

从表5-8和图5-1中我们可以看出，肉羊屠宰加工企业环境经济效率未能够体现出显著的 α 收敛特征，从环境经济效率变异系数的趋向上看，肉羊屠宰加工企业环境经济效率的差异呈现出变化不一的特征，中国总体的肉羊屠宰加工企业环境经济效率的变异系数变动程度较低，处于0.23～0.26，把企业环境经济效率的变化划分成两个部分，2014—2015年之间没有变化，2015—2017年的环境经济效率的差异有慢慢放大的趋向，表明肉羊屠宰加工企业环境经济效率的差异存在放大的迹象。

按照划分区域来说，中部区域肉羊屠宰加工企业环境经济效率的变异系数明显大于东部和西部区域，西部区域肉羊屠宰加工企业的环境经济效率差异较为明显。东部区域的肉羊屠宰加工企业环境经济效率的变异系数先升后降，中部区域的肉羊屠宰加工企业环境经济效率的变异系数呈现"N"字形变化趋势，西部区域的肉羊屠宰加工企业环境经济效率变异系数持续上升。

按照收敛理论，假如肉羊屠宰加工企业环境经济效率具备收敛特征，则说明作用肉羊屠宰加工企业环境经济效率的其余指标便于降低环境经济效率值大和环境经济效率值小的企业相互的差别；假如环境经济效率不具备收敛特征，则表明激励肉羊屠宰加工企业进步的制度和本身的特性会增大肉羊屠宰加工企业间环境经济效率的差别。结果显示，所有区域肉羊屠宰加工企业的环境经济效率都没有表现出明显的收敛趋势，说明促进肉羊屠宰加工产业发展的政策还不到位，我国肉羊屠宰加工产业发展遇到了瓶颈。

5.2.2　绝对 β 收敛特征分析

绝对 β 收敛表明差异区域肉羊屠宰加工企业环境经济效率经历一定的时间可以表现出一样的稳定程度。肉羊屠宰加工企业的环境经济效率，绝对 β 收敛特征分析不同区域肉羊屠宰加工企业环境经济效率会不会逐渐靠近一个平稳状态，也就是说差异区域企业环境经济效率的进步水平和基期的环境经济效率水平是否显著。依据绝对 β 收敛的测算方法，对全国和东、中、西部区域展开绝对 β 收敛特征测算，表达式为：

$$(\ln EE_{nt} - \ln EE_{n0})/4 = \alpha + \beta \ln EE_{n0} + \varepsilon \qquad (5-4)$$

其中，EE_{n0} 代表初期肉羊屠宰加工企业的环境经济效率，EE_{nt} 表示测算时期肉羊屠宰加工企业环境经济效率，4 代表时期变动幅度（2014—2017年），α、β 分别代表待估计参数，ε 代表误差项。如果 $\beta < 0$，则表明具备绝对 β 收敛特征，不同地区的绝对 β 收敛的测算结果见表 5-9。

表 5-9　肉羊屠宰加工企业环境经济效率的绝对收敛检验

变量	全国	E	M	W
$\ln EE_{n0}$	$-0.078\ 3^{*}$	$-0.280\ 7$	$-0.074\ 3^{*}$	$-0.794\ 7$
常数项	$-0.051\ 6$	$-0.517\ 4$	$-0.064\ 8$	$-0.014\ 8$
Adj R	$0.035\ 5$	$0.276\ 2$	$0.045\ 4$	$-0.182\ 2$

注：同表 4-9，同表 5-4。

表 5-9 向我们展示了使用最小二乘法的肉羊屠宰加工企业环境经济效率绝对 β 收敛特征检验；我们可以看出，全国的 β 值是 $-0.078\ 3$，东部区域的 β 值是 $-0.280\ 7$，中部区域的 β 值是 $-0.074\ 3$，西部区域的 β 值是 $-0.794\ 9$，全国和中部区域肉羊屠宰加工企业环境经济效率符合绝对 β 收敛特征，东部和西部区域肉羊屠宰加工企业环境经济效率不符合绝对 β 收敛特征。2014—2017 年，中部区域和全国的肉羊屠宰加工企业的环境经济效率具备协同收敛走势，企业环境经济效率接近平稳状态；而东部区域和西部区域的肉羊屠宰加工企业的环境经济效率不具备协同收敛走势，企业环境经济效率没有接近平稳状态。

5.2.3　条件 β 收敛特征分析

根据前人的工作成果，我们将进行条件收敛的检验[128,129]。

$$d(\ln EE_t)=\ln EE_{it}-\ln EE_{it-1}=\alpha+\beta\ln EE_{it-1}+\varepsilon_{it} \quad (5-5)$$

式（5-5）中，d 代表相邻两年企业环境经济效率的对数之差，i、t 表示区域、时期，ε_{it} 表示随机干扰项。

表 5-10　肉羊屠宰加工企业环境经济效率的条件收敛检验

变量	全国	东部	中部	西部
$\ln EE_{n0}$	-0.0000***	-0.0455**	-0.0000***	-0.2319
常数项	0.127 4	-0.3427	0.141 0	-0.0743
Adj R	0.122 5	0.277 0	0.135 2	0.025 6

注：同表 4-9。

根据表 5-10 能够看出，区域差异的肉羊屠宰加工企业环境经济效率的条件 β 收敛的计算结果都小于 0，全国、东部和中部地区通过检验，说明全国、东部地区和中部地区的肉羊屠宰加工企业环境经济效率都具备条件 β 收敛的特性，能够防止表现出企业环境经济效率程度不同进一步加剧的情形；西部地区未通过检验，表明西部地区的肉羊屠宰加工企业环境经济效率不具备条件 β 收敛的特性，很难防止表现出企业环境经济效率程度不同进一步加剧的情形。

5.3　本章小结

首先从差异视角对第三章测算的 61 家肉羊屠宰加工企业 2014—2017 年的环境经济效率展开对比研究，然后对肉羊屠宰加工企业环境经济效率的收敛特征展开讨论。

从时间演变来说，2014—2015 年的经济环境效率增长，纯技术效率无变动，技术进步，规模效率无变动，技术效率没有偏离；2015—2016 年的经济环境效率增长，纯技术效率恶化，技术进步，规模效率无变动，技术效率下降；2016—2017 年的经济环境效率增长，纯技术效率改进，技术进步，规模效率提高，技术效率不变。

从空间演变来说，肉羊屠宰加工企业环境经济效率的区别十分显著，东部和中部地区肉羊屠宰加工企业的经济环境效率均值低于西部，肉羊屠宰加工企业投入指标的使用效率仍然较低。

从规模演变来说，微型肉羊屠宰加工企业经济环境效率最高，其次是小型企业，大中型企业最低，肉羊屠宰加工企业环境经济效率的提高与企业规模成反比，中型肉羊屠宰加工企业之间的环境经济效率区别最大，微型肉羊屠宰加工企业之间的环境经济效率区别最小，微型企业的环境经济效率表现出"V"字形变化趋势，峰值出现在 2014 年，谷值也是出现在 2016 年；其他规模企业的环境经济效率均表现出先升后降再升的"N"字形变化趋势，且下降的程度高于上升的程度。峰值都出现在 2015 年，谷值都出现在 2016 年。

对肉羊屠宰加工企业经济环境效率进行收敛特征分析的结果显示，肉羊屠宰加工企业环境经济效率未能够体现出显著的 α 收敛特征，肉羊屠宰加工企业环境经济效率的差异呈现出变化不一的特征，中国总体的肉羊屠宰加工企业环境经济效率的变异系数变动程度较低。中部区域肉羊屠宰加工企业环境经济效率的变异系数明显大于东部和西部区域，西部区域肉羊屠宰加工企业的环境经济效率差异较为明显。东部区域的肉羊屠宰加工企业环境经济效率的变异系数先升后降，中部区域的肉羊屠宰加工企业环境经济效率的变异系数呈现"N"字形变化趋势，西部区域的肉羊屠宰加工企业环境经济效率变异系数持续上升。所有区域肉羊屠宰加工企业的环境经济效率都没有表现出明显的收敛趋势，说明促进肉羊屠宰加工产业发展的政策还不到位，我国肉羊屠宰加工产业发展遇到瓶颈。

全国和中部区域肉羊屠宰加工企业环境经济效率符合绝对 β 收敛特征，东部和西部区域肉羊屠宰加工企业环境经济效率不符合绝对 β 收敛特征。2014—2017 年，中部区域和全国的肉羊屠宰加工企业的环境经济效率具备协同收敛走势，企业环境经济效率接近平稳状态；而东部区域和西部区域的肉羊屠宰加工企业的环境经济效率不具备协同收敛走势，企业环境经济效率没有接近平稳状态。

区域差异的肉羊屠宰加工企业环境经济效率的条件 β 收敛的计算结果都

小于 0，全国、东部和中部地区通过检验，说明全国、东部地区和中部地区的肉羊屠宰加工企业环境经济效率都具备条件 β 收敛的特性，能够防止表现出企业环境经济效率程度不同进一步加剧的情形；西部地区未通过检验，表明西部地区的肉羊屠宰加工企业环境经济效率不具备条件 β 收敛的特性，很难防止表现出企业环境经济效率程度不同进一步加剧的情形。

第6章 肉羊屠宰加工企业污染物边际排放成本估计

本章将对肉羊屠宰加工企业的污染物边际排放成本进行估计，与排污费价格进行比较，并对影响污染物边际排放成本的因素进行分析。第一小节首先对肉羊屠宰加工企业的清洁生产工艺进行总结；第二小节介绍肉羊屠宰加工企业废弃物的边际减排成本估计方法；第三小节对肉羊屠宰加工企业废弃物的边际减排成本模型构建与变量说明；第四小节是肉羊屠宰加工企业废弃物的边际减排成本模型数据来源与处理；第五小节是肉羊屠宰加工企业废弃物的边际减排成本模型测算结果并讨论政府制定的排污费价格是否合适，最后对影响非期望产出影子价格的因素进行研究。

6.1 肉羊屠宰加工企业的清洁生产工艺

世界各国都在持续寻找可持续发展的路径，所有企业都希望能够做到减少污染排放的基础上，还能够给企业节省原材料的投入量，在生产过程中节省更多的水资源和电力能源。企业在不停探求的过程里发现，这种节省资源能源和减少排放的做法便是"清洁生产"。清洁生产，是国家做出的关键政策计划，是转换企业发展模式，达成健康稳定发展的必经道路。

节能减排自被提上日程以来，就成了肉羊屠宰加工企业发展的重中之重。肉羊屠宰加工企业废水能够产生刺激性的气味，有机物难以分解，整治困难大，不仅破坏环境，而且对百姓的身体健康和周边的环境造成非常大的困扰。

肉羊屠宰加工企业环境管理重点有三个。第一，重申肉羊屠宰加工企业的节能减排，刺激肉羊屠宰加工企业使用科学的环境管理策略，从加工技术的环节入手对肉羊屠宰加工企业制定相关标准；第二，拓宽肉羊屠宰加工产业链，将重复利用作为前进方向，完成肉羊屠宰加工企业的产品由低附加值向高附加值发展；第三，展开肉羊屠宰加工企业设备更新，挖掘设备的减排能力，达到节约能源降低损耗的目的，逐渐减少使用低能效设备。

目前，我国还没有专门制定肉羊屠宰加工企业水污染物的排放标准，因此我们采用《肉类加工工业水污染物排放标准》（国家环境保护局、国家技术监督局1992年5月18日发布，1992年7月1日实施）作为肉羊屠宰加工企业水污染排放的参照标准。表6-1、表6-2和表6-3按照立项建设项目的时间不同分别规定了肉类加工企业的排水量和水污染物最高允许排放浓度等标准。

（1）1989年1月1日之前立项的建设项目及其建成后投产的企业按照表6-1执行

表6-1　1989年1月1日之前立项的建设项目执行标准

污染物 级别 标准值	悬浮物 （SS）			生化需氧量 （BOD$_5$）			化学需氧量 （COD）			动植物油			氨氮		
	一级	二级	三级	一级	二级	三级	一级	二级	三级	一级	二级	三级	一级	二级	三级
排放浓度（毫克/升）	100	250	400	60	80	300	120	160	500	30	40	100	25	40	—

（2）1989年1月1日至1992年6月30日期间立项的建设项目及其建成后投产的企业按照表6-2执行

表6-2　1989年1月1日至1992年6月30日期间立项的建设项目执行标准

污染物 级别 标准值	悬浮物 （SS）			生化需氧量 （BOD$_5$）			化学需氧量 （COD）			动植物油			氨氮		
	一级	二级	三级	一级	二级	三级	一级	二级	三级	一级	二级	三级	一级	二级	三级
排放浓度（毫克/升）	70	200	400	30	60	300	100	120	500	20	20	100	15	25	—

（3）1992年7月1日之后立项的建设项目及其建成后投产的企业执行按照表6-3执行

表 6-3　1992 年 7 月 1 日之后立项的建设项目执行标准

污染物 级别 标准值	悬浮物 (SS)			生化需氧量 (BOD$_5$)			化学需氧量 (COD)			动植物油			氨氮		
	一级	二级	三级	一级	二级	三级	一级	二级	三级	一级	二级	三级	一级	二级	三级
排放浓度（毫克/升）	60	120	400	30	60	300	80	120	500	15	20	60	15	25	—

从上面三个表我们可以看出，随着时间的推移，国家对于肉类屠宰加工企业水污染物排放标准的规定越来越严苛，排放标准越来越高。因此，肉类屠宰加工企业在处理废水时需要做得越来越多、越来越好。

下面我们按照肉羊屠宰加工的流程对肉羊屠宰加工企业的节能减排技术进行梳理[130]。

第一，在待宰圈的羊粪处理环节：为了保证生产加工流水线的正常运行就需要在开工之前准备足够数量的肉羊；同时为了使肉羊有时间进行休息，能够从长时间的运输过程导致的疲劳中恢复过来，提高肉羊的品质；这就需要在肉羊屠宰加工环节的前端建设肉羊待宰圈，肉羊一般会在待宰圈内存放 12 个小时左右，这段时间会产生大量的羊粪，如何处理这些羊粪成为肉羊屠宰加工企业在清洁生产中面临的一个难题。采用干法回收技术可以使羊粪能够比较容易被收集清理并运走，再采用带有开关装置的高压水枪对待宰圈清洗。这么做不仅能够节省一半的耗水量，同时能够降低废水中一半的有机物浓度。可是目前国内的大部分肉羊屠宰加工企业采取地下水清洗待宰圈以及运送肉羊的车辆、未采取任何的处理手段；不但导致巨大的耗水量，而且排放的废水中有机物的浓度会比较高，这给后端的污水处理环节增加了难度和成本。

第二，在肉羊的击晕环节：在屠宰之前对肉羊进行击晕一方面是为了减轻肉羊在屠宰过程中遭受的痛苦，是人道屠宰观的体现；另一方面是保证肉羊在屠宰时没有紧张情绪，从而影响羊肉的品质。目前采用二氧化碳致晕是一种相对卫生的肉羊致晕工艺，肉羊在一定浓度的二氧化碳中 20 秒左右就能够昏厥。这种方式的优势在于肉羊没有疼痛感能够有效防止因为抽搐导致的羊肉品质下降。然而现在国内的肉羊屠宰加工企业大部分采用的仍然是较为落后的麻电致晕法。

第三，在刺杀放血环节：肉羊屠宰时采用真空刀放血是一种先进的清洁生产技术，真空刀放血法不但能够使羊血清洁回收，还能够完全放血，提升羊血的利用率。目前肉羊屠宰加工企业大部分采取人工放血，可能导致羊肉品质下降、羊血回收率低，还可能提高废水中的有机物的含量，增添废水处理的困难。

第四，在烫毛环节：采取隧道蒸汽烫毛技术不但有利于防止肉羊胴体间的相互感染，还能节约用水量和能耗量。国内的肉羊屠宰加工企业现在普遍采用烫池技术和"运河式"烫毛技术。

第五，在劈半环节：目前国内大部分的肉羊屠宰加工企业采取的是使用电锯对肉羊进行劈半，而采用气动劈半刀能够更加有利于防止相互感染，而且基本不会出现破碎的羊骨和羊肉，还能有效提高原料肉羊的利用效率。据测算，采用电锯对一只肉羊进行劈半可能出现 0.05～0.1 千克的羊肉损失，如果某肉羊屠宰企业每年屠宰 20 万只肉羊，那么一年就会产生 1 万～2 万千克的羊肉损耗，如果按照每千克羊肉 50 元的价格计算，那么劈半环节给这个企业一年就会造成 50 万～100 万元的利润损失。

第六，加工环节减少废水的产生，应在加工过程中采取多种清洁生产方案来控制废水的产生，例如安装收血槽，在欲清洗机下方安装挡板，在抛光机下方安装坡型集水槽，出水端安装筛网，收集下料，及时疏通下水道，减少堵塞概率，将清洗案板的水收集起来，二次利用冲洗下水道，二次杀菌机排除的热废水用于车间地面清理，夜班清扫卫生计时用水等。

肉羊屠宰加工的清洁生产技术研究在国内起步较晚，不但在技术配置上不尽完善，而且肉羊屠宰加工业整体的工艺设备研发程度也达不到国外的先进水准。肉羊屠宰加工装备制造能力也对肉羊屠宰加工业的清洁生产进步产生很大的作用，很多高端的清洁生产装备仍必须依靠进口，国产的装备水平还达不到世界先进水平，这也成为约束肉羊屠宰加工业清洁生产能力的一个原因。

总的来说，中国的肉羊屠宰加工业清洁生产总体能力与肉羊屠宰加工业发达国家比较仍然存在较大的差异。以往那种"先污染，后治理"的方式已经无法适应肉羊屠宰加工企业环保的要求，而且往往还会提高企业的成本。伴随着社会的进步，肉羊屠宰加工企业的规模越来越大，出现的环境难题也会愈加突出，所以在肉羊屠宰加工的整个环节实施清洁生产，提升资源、能源的转化率，减少废弃物和污染物的出现，从而降低在后端治理的难度，已经变成肉羊屠宰加工企业生存和进步的必经道路。

开展清洁生产首先就需要明确与肉羊屠宰加工相关的环保方面的规章制度，而且还要详细了解整个肉羊屠宰加工行业自身的特征和流程。为了推进肉羊屠宰加工企业的节能减排工作顺利开展并且能够持续下去，肉羊屠宰加工企业必须要从本身的实际情形起航，从肉羊入厂开始到羊肉产品出厂为止的整个技术环节、加工装备、操作规范等都要展开详细的研究和探索，寻找肉羊屠宰加工流程中可以开展清洁生产的点，并以点带面，推进清洁生产的执行，达到肉羊屠宰加工行业与环境的和谐共生。

肉羊屠宰加工企业必须推行清洁生产，让清洁生产连接肉羊屠宰加工的整个流程和羊肉产品完整的生命周期，不能仅仅关注终端处理，才有可能从根源上化解肉羊屠宰加工企业的环境难题，使肉羊屠宰加工企业走上可持续发展的道路。

6.2　污染物边际减排成本估计方法选择

肉羊屠宰加工企业在生产过程中对能源的消耗量极大，且废水中的非期望产出是肉羊屠宰加工企业面临的重要环境难题。因此，在严格的肉羊屠宰加工企业环境准入条件下，肉羊屠宰加工企业需要加快结构调整和产业升级，对生产设备和技术工艺进行更新换代，从源头减少污染产生[131]。

我国肉羊屠宰加工企业的环境管理主要包括两个方面，一个是节能，另一个是减排，节能就是在生产过程中，在不减少期望产出的前提下节约使用资源和能源；减排就是在不减少期望产出的前提下减少非期望产出，也就是减少对环境的污染[132]。

肉羊屠宰加工企业的关键环境难题便是水污染，肉羊屠宰加工环节中的待宰圈的清洁、刺杀放血、烫毛、工作场所的清洗等环节都需要使用大量的自来水或者是地下水，使用后的水就成了肉羊屠宰加工企业的废水。据估算，每屠宰一只羊的耗水量可能会达到 0.2～0.5 立方米，那么对于一个年屠宰量达到 10 万只的肉羊屠宰加工企业来说，每年的屠宰耗水量就会达到

2万~5万立方米，也就是2万~5万吨水，也就说明会产生至少2万~5万吨废水（废水中含有的物质会增加废水的重量）。

肉羊屠宰加工企业排放的废水中重点包括羊血、羊油、破碎的羊肉、羊毛、破碎的羊骨和羊粪等，废水一般会呈现出红褐色，而且伴有令人作呕的强烈的刺激性味道。肉羊屠宰加工企业的废水产生量与当地实际情况（例如水资源蕴含量和环保的重视程度）、企业装备的先进程度、加工环节中的清洁规定、领导者对环保的态度等因素具有密不可分的联系。如果废水不经过任何处理直接排放到地下或者江河中，废水里面含有的多种有害物质会对当地的生态系统造成巨大的影响。

目前，对肉羊屠宰加工企业的环境行为约束最大的就是排污费的征收和超标排放的罚款问题，罚款问题因为涉及当地政府以及环保部门的态度和立场，到底管不管？如何管？而且企业超标排放能否被抓？存在太多的不确定性，本书不在此进行讨论。如图6-1所示，本书将重点关注排污费的征收情况，重点对现行排污费征收价格与肉羊屠宰加工企业废水治理的真实成本进行比较，说明白一些，就是肉羊屠宰加工企业治理废水的费用与排放废水的费用进行比较，分析排污费价格对肉羊屠宰加工企业的废水治理的约束力度有多大。

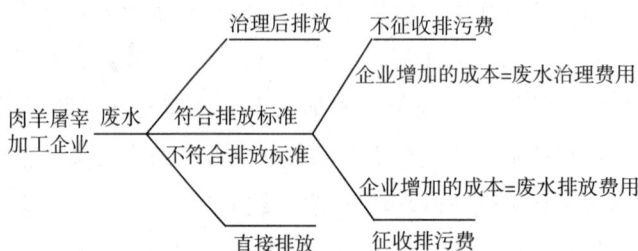

图6-1　肉羊屠宰加工企业废水排放流程

一般来说，非期望产出不存在市场价格，很难用价值来测量非期望产出的处理成本[133]。影子价格说法的出现和推广为测算非期望产出的边际减排成本提供了依据[134]。将影子价格与排污费价格进行对照，能够在某些水平上评判环境约束政策的有效性。为了更加顺利地推动环境管理、避免污染物价格信息缺失的情况发生，学者们逐渐侧重研究污染物排放的影子价格。学者们已经在影子价格的研究上取得了很多的成果，使用影子价格来评估污染物的排放行为、制定环境约束策略逐步被学术界接受。

影子价格能够直观地刻画出企业减排的内在空间和施行成本，已经逐步发展成为环境经济学的关键内容。影子价格能够权衡"金山银山"和"绿水青山"之间的转换模式，在欠缺完备的污染物排放权交易场所的前提下，影子价格能够被当作各级管理部门制定环保策略的关键参照指标，能够有利于防止企业在减排问题上因为缺少刺激和恰当的约束政策而形成搪塞立场。多数研究者在进行影子价格估计的时候使用的是企业层次的数据，一些学者从行业的角度出发展开分析。数据的好坏程度能够对影子价格的准确性产生巨大作用。数据越详尽、越深入，则非期望产出的影子价格就能够越靠近非期望产出的真实边际减排成本。另外，过去的研究大多偏重对重污染行业的废气排放进行分析，很少触及轻工业，特别是农业及其相关产业，也很少涉及废水和废物排放的研究。

6.3　污染物边际减排成本模型构建与变量说明

6.3.1　方向性产出距离函数

令 $g=(g_y, -g_b)$ 是方向向量，其中 $g \neq 0$。则方向性产出距离函数如下：

$$\vec{D}_0(x, y+\alpha g_y, b-\alpha g_b; g) = \max\{\beta: (y+\beta g_y, b-\beta g_b) \in P(x)\}$$

$$(6-1)$$

在确定可行解的集合 $P(x)$ 的前提下，能够达到最佳的期望产出提高和非期望产出降低。根据图 6-2 可以看出，某肉羊屠宰加工企业 F 的生产点 (y, b) 处在 $P(x)$ 内部，这个企业顺着 $(g_y, -g_b)$ 方向抵达 $P(x)$ 前沿 $(y+\beta^* g_y, b-\beta^* g_b)$，令 $\beta^* = \vec{D}_0(x, y, b; g_y, -g_b)$，则方向性产出距离函数具备以下转化特征：

$\vec{D}_0(x, y+\alpha g_y, b-\alpha g_b; g) = \vec{D}_0(x, y, b; g) - \alpha$。并且符合下列要求：

①假设 $(y, b) \in P(x)$，那么 $\vec{D}_0(x, y, b; g_y, -g_b) \geqslant 0$；

②假设 $y \geqslant y'$，那么 $\vec{D}_0(x, y, b; g_y, -g_b) \leqslant \vec{D}_0(x, y', b; g_y, -g_b)$；

③假设 $b \leqslant b'$，那么 $\vec{D}_0(x, y, b; g_y, -g_b) \leqslant \vec{D}_0(x, y, b'; g_y, -g_b)$；

④假设 $(y', b) \in P(x)$ 和 $\theta \in [0, 1]$，那么 $\vec{D}_0(x, \theta y, \theta b; g_y, -g_b) \geqslant 0$；

⑤$\vec{D}_0(x, y, b; g_y, -g_b)$是凹函数。

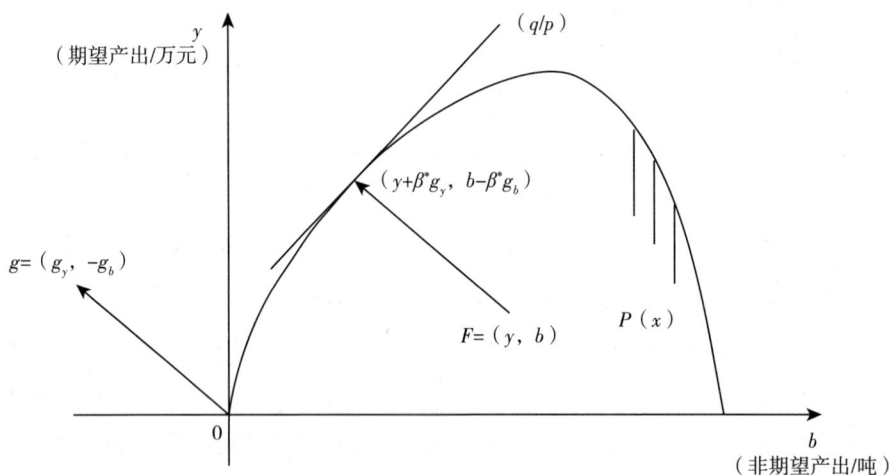

图 6-2　方向性产出距离函数

假定存在 N 个期望产出，而且其价格向量是 $r=(r_1, r_2, \cdots, r_N)$；存在 L 个非期望产出，而且其价格向量是 $s=(s_1, s_2, \cdots, s_L)$；存在 M 个投入指标，而且每个指标的价格向量是 $t=(t_1, t_2, \cdots, t_M)$，那么这个肉羊屠宰加工企业的利润函数能够表达如下[135]：

$$\pi(t, r, s)=\max\{ry-tx-rb: (y, b)\in P(x)\} \quad (6-2)$$

根据式（6-2）可以看出，在确定投入指标的前提下，若要达到利润最优，废弃物的产生能够导致企业的利益损耗，损耗的量是 rb。

按照上面的第一个要求能够得出，$(y,b)\in P(x)$ 与 $\vec{D}_0(x, y, b; g_y, -g_b)\geqslant 0$ 表达的意思是相同的，所以，利润函数能够继续表达成：

$$\pi(t, r, s)=\max\{ry-tx-rb: \vec{D}_0(x, y, b; g_y, -g_b)\geqslant 0\}$$

$$(6-3)$$

根据图 6-2 能够看到，生产点 (y, b) 处于 $P(x)$ 的内部，它能够顺着方向抵达最优生产点 $(y+\beta^* g_y, b-\beta^* g_b)$，这个点处于 $P(x)$ 前沿上。所以，如果 $(y, b)\in P(x)$，那么：

$$(y+\beta^* g_y, b-\beta^* g_b)=\{[y+\vec{D}_0(x,y,b;g_y,-g_b)\cdot g_y,$$
$$b-\vec{D}_0(x,y,b;g_y,-g_b)\cdot g_b]\in P(x)\}$$

$$(6-4)$$

利润函数能够表示成：

$$\pi(t,r,s) \geqslant (r,-s)\big[y+\vec{D}_0(x,y,b;g_y,-g_b) \cdot$$
$$g_y, b-\vec{D}_0(x,y,b;g_y,-g_b) \cdot g_b\big]-tx$$
$$= (ry-by-tx)+r\vec{D}_0(x,y,b;g_y,-g_b) \cdot$$
$$g_y+s\vec{D}_0(x,y,b;g_y,-g_b) \cdot g_b \tag{6-5}$$

根据式（6-5）可以看出，利润函数能够分解成两个方面，一方面是真实的生产利润$(ry-by-tx)$，另一方面是经过向最优生产前沿挪动，期望产出提高和非期望产出降低所形成的利润。当企业处于最优生产前沿时，能够符合：

$$\frac{\pi(t,r,s)-(ry-by-tx)}{r \cdot g_y+s \cdot g_b} \geqslant \vec{D}_0(x,y,b;g_y,-g_b) \tag{6-6}$$

所以，方向性距离函数能够再次界定成：

$$\vec{D}_0(x,y,b;g_y,-g_b)=\min \frac{\pi(t,r,s)-(ry-by-tx)}{r \cdot g_y+s \cdot g_b} \tag{6-7}$$

按照包络理论，能够得出期望产出和非期望产出的影子价格如下：

$$\frac{\partial \vec{D}_0(x,y,b;g_y,-g_b)}{\partial y}=\frac{-r}{r \cdot g_y+s \cdot g_b} \leqslant 0 \tag{6-8}$$

$$\frac{\partial \vec{D}_0(x,y,b;g_y,-g_b)}{\partial b}=\frac{s}{r \cdot g_y+s \cdot g_b} \geqslant 0 \tag{6-9}$$

假设第 n 种期望产出的价格是 r_n，能够得出第 i 种非期望产出的价格 s_i，详细公式为：

$$s_i=-r_n\left[\frac{\partial \vec{D}_0(x,y,b;g)/\partial b_i}{\partial \vec{D}_0(x,y,b;g)/\partial y_n}\right], i=1,2,\cdots,I \tag{6-10}$$

若想估计非期望产出影子价格的绝对值，最简单的手段即是假设期望产出的影子价格与它的市场价格相同[136]，也就是 $r_n=1$。

6.3.2　实证分析

当进行实证研究的时候，参数形式的距离函数具备优良的微分特征，能够有利于估算影子价格。通常使用的参数格式是二次函数，它能够更优地符合方向性距离函数的条件[137]。

令方向向量 $g=(1,-1)$，不但可以节省参数，也可以符合转换特征。

它的含义是当投入指标确定的前提下，能够在提高期望产出的基础上降低非期望产出。如果有 K 个肉羊屠宰加工企业，那么第 k 个肉羊屠宰加工企业在 t 时期的二次型方向性距离函数如下：

$$\vec{D}_0(x_k^t, y_k^t, b_k^t; 1, -1) = a_0 + \sum_{n=1}^{N} \beta_n x_{nk}^t + \sum_{m=1}^{M} \alpha_m y_{mk}^t + \sum_{j=1}^{J} \gamma_j b_{jk}^t +$$

$$\frac{1}{2} \sum_{n=1}^{N} \sum_{n'=1}^{N} \beta_{nn'} x_{nk}^t x_{n'k}^t + \frac{1}{2} \sum_{m=1}^{M} \sum_{m'=1}^{M} \alpha_{mm'} y_{mk}^t y_{m'k}^t +$$

$$\frac{1}{2} \sum_{j=1}^{J} \sum_{j'=1}^{J} \gamma_{jj'} b_{jk}^t b_{j'k}^t + \sum_{n=1}^{N} \sum_{m=1}^{M} \delta_{nm} x_{nk}^t y_{mk}^t +$$

$$\sum_{n=1}^{N} \sum_{j=1}^{J} \eta_{nj} x_{nk}^t b_{jk}^t + \sum_{j=1}^{J} \sum_{m=1}^{M} \mu_{mj} y_{mk}^t b_{jk}^t \qquad (6-11)$$

本书中，只设置了一个期望产出指标是净利润，五个非期望产出指标分别是化学需氧量（COD）、五日生化需氧量（BOD_5）、悬浮物排放量（SS）、动植物油排放量和氨氮排放量，五个投入指标分别是原料肉羊、水、电、土地和其他资源与能源的使用量。所以，式（6-12）中 $N=5$，$M=1$，$J=5$。估算二次型方向性距离函数能够采取下面的函数：

（Ⅰ）$\min \sum_{t=1}^{T} \sum_{k=1}^{K} [\vec{D}_0(x_k^t, y_k^t, b_k^t; 1, -1) - 0]$

s. t. (i) $\vec{D}_0^t(x_k^t, y_k^t, b_k^t; 1, -1) \geqslant 0$

（Ⅱ）$\dfrac{\partial \vec{D}_0^t(x_k^t, y_k^t, b_k^t; 1, -1)}{\partial y_m} = a_m + \sum_{m'=1}^{M} \alpha_{mm'} y_{m'k}^t + \sum_{n=1}^{N} \delta_{nm} x_{nk}^t + \sum_{j=1}^{J} \mu_{mj} b_{jk}^t \leqslant$

$0, m = 1, \cdots, M$

（Ⅲ）$\dfrac{\partial \vec{D}_0^t(x_k^t, y_k^t, b_k^t; 1, -1)}{\partial b_j} = \gamma_j + \sum_{j'=1}^{J} \gamma_{jj'} b_{j'k}^t + \sum_{n=1}^{N} \eta_{nj} x_{nk}^t + \sum_{m=1}^{M} \mu_{mj} y_{mk}^t \geqslant$

$0, j = 1, \cdots, M$

（Ⅳ）$\sum_{m=1}^{M} \alpha_m - \sum_{j=1}^{J} \gamma_j = -1$；$\sum_{m'=1}^{M} \alpha_{mm'} = \sum_{j=1}^{J} \mu_{mj}$；$\sum_{j'=1}^{J} \gamma_{jj'} = \sum_{m=1}^{M} \mu_{mj}$；$\sum_{m=1}^{M} \delta_{nm} =$

$\sum_{j=1}^{J} \eta_{nj}, n = 1, \cdots, N$

（Ⅴ）$\beta_{nn'} = \beta_{n'n}, n \neq n'$；$\alpha_{mm'} = \alpha_{m'm}, m \neq m'$；$\gamma_{jj'} = \gamma_{j'j}, j \neq j'$ $\qquad (6-12)$

在真实的测算中，面对投入指标和产出指标的量级区别过大造成的不容易收敛的难题，使用投入指标和产出指标除以各指标的均值来对投入指标和产出指标展开纲化处理。

6.4　废弃物边际减排成本数据来源与处理

这个部分的数据获取与第 3 章一样，即根据 61 家肉羊屠宰加工企业 2014—2017 年生产经营数据，构建了 244 个包含资源与能源投入和污染排放的面板数据。投入指标为原料肉羊费用（a_1）和用水费用（a_2）、用电费用（a_3）、土地费用（a_4）和其他资源能源费用（a_5），期望产出指标为净利润（y_1），非期望产出指标分别是化学需氧量 COD（f_1）、五日生化需氧量 BOD_5（f_2）、悬浮物排放量 SS（f_3）、动植物油排放量（f_4）和氨氮排放量（f_5）。所有变量的统计描述如表 6-4 所示。

表 6-4　指标解释与统计分析

指标	单位	均值	最大值	最小值	标准差
净利润	万元	1 432.65	8 623.00	33.33	1 144.64
原料成本	万元	15 141.97	45 014.86	1 273.00	11 103.10
水费	万元	64.55	98.96	2.56	29.40
电费	万元	67.50	98.45	1.83	32.12
土地成本	万元	63.79	97.01	3.36	28.49
其他费用	万元	73.11	99.72	0.63	40.17
COD 排放量	吨	21.72	67.36	1.04	15.95
BOD_5 排放量	吨	15.22	57.02	1.55	11.16
SS 排放量	吨	22.17	69.50	2.56	15.36
动植物油排放量	吨	3.82	14.18	0.28	2.96
氨氮排放量	吨	2.00	11.88	0.17	1.69

注：同表 3-3。

从表 6-4 中我们可以看出，水费的均值是 64.55 万元，最大值是 98.96 万元，最小值是 2.56 万元，标准差是 29.40 万元；电费的均值是 67.50 万元，最大值是 98.45 万元，最小值是 1.83 万元，标准差是 32.12 万元；土地成本的均值是 63.79 万元，最大值是 97.01 万元，最小值是 3.36 万元，标准差是 28.49 万元；其他费用的均值是 73.11 万元，最大值是 99.72 万元，最小值是 0.63 万元，标准差是 40.17 万元；COD 排放量的均值是

21.72 吨，最大值是 67.36 吨，最小值是 1.04 吨，标准差是 15.95 吨；
BOD_5 排放量的均值是 15.22 吨，最大值是 57.02 吨，最小值是 1.55 吨，
标准差是 11.16 吨；SS 排放量的均值是 22.17 吨，最大值是 69.50 吨，最
小值是 2.56 吨，标准差是 15.36 吨；动植物油排放量的均值是 3.82 吨，最
大值是 14.18 吨，最小值是 0.28 吨，标准差是 2.96 吨；氨氮排放量的均值
是 2.00 吨，最大值是 11.88 吨，最小值是 0.17 吨，标准差是 1.69 吨。表
明其他费用的差异化程度最明显，氨氮排放量的差异化程度最低。

6.5　测算结果与分析

本部分使用 Maxdea 软件对动植物油和氨氮等废水中含有的五种污染物
的影子价格展开估算，并讨论其影响因素。

6.5.1　肉羊屠宰加工企业非期望产出的影子价格

自然环境是一种特殊而又极其关键的资源。资源的匮乏水平和市场需求
是作用影子价格的重要原因，影子价格能够为提高资源的配置效率和使用效
率作出贡献[138]。污染物排放的影子价格表明了企业每扩大一定量的排放行
为造成的利润的变化，污染物也就是本书中的肉羊屠宰加工企业排放到废水
中的五种非期望产出是有价格的[139]。

按照式（6-11）对肉羊屠宰加工企业五种非期望产出的影子价格进行
估算。假设净利润的市场价格是 1。表 6-5 展示了 2014—2017 年肉羊屠宰
加工企业五种非期望产出的平均边际排放成本。

表 6-5　肉羊屠宰加工企业非期望产出的影子价格

单位：万元/吨

年份	化学需氧量	五日生化需氧量	悬浮物	动植物油	氨氮
2014	0.249 7	1.018 4	0.247 7	2.151 6	8.449 1
2015	1.039 5	1.603 5	0.093 2	2.490 6	10.450 9
2016	0.252 9	1.011 7	0.615 2	2.551 3	7.227 4
2017	0.363 1	0.753 9	0.841 0	2.879 1	9.780 5
均值	0.514 0	1.211 2	0.318 7	2.397 8	8.709 1

注：同表 3-3。

非期望产出的平均影子价格是指非期望产出发生一个单位的变化能够引起的期望产出（净利润）的变化。2014 年至 2017 年，化学需氧量（COD）的平均影子价格是 0.514 0 万元/吨；五日生化需氧量（BOD_5）的平均影子价格是 1.211 2 万元/吨；悬浮物（SS）的平均影子价格是 0.318 7 万元/吨；动植物油的平均影子价格是 2.397 8 万元/吨；氨氮的平均影子价格是 8.709 1 万元/吨。这就说明，每降低一吨化学需氧量的排放能够带来企业净利润的消耗是 5 140 元；每降低一吨五日生化需氧量的排放能够带来企业净利润的消耗是 12 112 元；每降低一吨悬浮物的排放能够带来企业净利润的消耗是 3 187 元；每降低一吨动植物油的排放能够带来企业净利润的消耗是 23 978 元；每降低一吨氨氮的排放能够带来企业净利润的消耗是 87 091 元。其中，氨氮的平均边际减排成本大概为化学需氧量的 17 倍，大概为五日生化需氧量的 7 倍，大概为悬浮物的 27 倍，大概为动植物油的 4 倍。

影子价格最大的是氨氮，其次是动植物油，再次是五日生化需氧量，接下来是化学需氧量，最小的是悬浮物。一般来说，影子价格越大就说明排放的处理难度越大，五种非期望产出的影子价格差异较大，表明肉羊屠宰加工企业治理多种非期望产出所要面对的成本需求也不一样。

从研究对象的时期上说，化学需氧量和氨氮的影子价格表现出"N"字形震动上升的轨迹，化学需氧量的边际成本在 2014 年是 0.249 4 万元/吨，2015 年飙升到 1.039 5 万元/吨，2016 年下降到 0.252 9 万元/吨，2017 年回升到 0.363 1 万元/吨；氨氮的边际成本在 2014 年为 8.449 1 万元/吨，2015 年上升到 10.450 9 万元/吨，2016 年下降到 7.227 4 万元/吨，2017 年回升到 9.780 5 万元/吨。五日生化需氧量的边际减排成本先升后降，2014 年的边际减排成本为 1.018 4 万元/吨，2015 年上升到 1.603 5 万元/吨，2016 年下降到 1.011 7 万元/吨，2017 年持续下降到 0.753 9 万元/吨。悬浮物的边际减排成本先降后升，2014 年的边际减排成本为 0.247 7 万元/吨，2015 年下降到 0.093 2 万元/吨，2016 年回升到 0.615 2 万元/吨，2017 年持续上升到 0.841 0 万元/吨。动植物油的边际减排成本一路上升，2014 年的边际减排成本为 2.151 6 万元/吨，2015 年上升到 2.490 6 万元/吨，2016 年上升到 2.551 3 万元/吨，2017 年上升到 2.879 1 万元/吨。

经过本部分的分析表明，五种非期望产出的影子价格区别明显，所以，采取"一刀切"的排污费征收制度不能够表现出五种非期望产出各自的影子价格。另外，五种非期望产出目前的排污费征收标准显著小于其边际减排成本①，很难对肉羊屠宰加工企业降低非期望产出造成有力的制约。肉羊屠宰加工企业治理非期望产出的费用远超过其排放非期望产出带来的费用，所以，在现行的排污费征收标准的束缚下，肉羊屠宰加工企业必然更愿意支付排污费用而不是对非期望产出进行处理。

为了验证环境约束政策是否有用，把肉羊屠宰加工企业按照地理位置的不同划分成东部、中部和西部地区并形成了如表6-6所示的不同地区非期望产出的平均影子价格。从中我们可以看出东部地区的氨氮排放量的影子价格最高，达到了11.450 4万元/吨；中部地区的五日生化需氧量的影子价格最高，达到了1.345 2万元/吨；西部地区的化学需氧量、悬浮物和动植物油的影子价格最高，分别达到了1.972 0万元/吨、0.544 6万元/吨和3.180 6万元/吨。根据本部分的分析可知，区域差异的五种非期望产出的影子价格具有特别显著的区别，这就表明环境约束导致了肉羊屠宰加工企业具有相当水平的资源配置效率损耗。

表6-6 不同地区非期望产出的平均影子价格

单位：万元/吨

地区	年份	化学需氧量	五日生化需氧量	悬浮物	动植物油	氨氮
	2014	0	0	0	0	8.851 6
	2015	0	0	0	0	12.362 4
东部	2016	0	0	0	0	10.906 0
	2017	0	0	0	0	13.681 6
	均值	0	0	0	0	11.450 4
	2014	1.503 1	0	0	3.037 9	5.307 7
	2015	4.299 3	0.578 9	0	0.351 4	9.133 0
西部	2016	2.085 9	0	0	4.178 4	6.094 9
	2017	0	0	2.178 5	5.154 7	6.724 9
	均值	1.972 0	0.144 7	0.544 6	3.180 6	6.815 1

---

① 通过走访肉羊屠宰加工企业得知，污染物的收费标准为600元/吨，超出排放标准的为1 200元/吨。

（续）

地区	年份	化学需氧量	五日生化需氧量	悬浮物	动植物油	氨氮
中部	2014	0.052 3	1.303 8	0.317 1	2.214 2	8.792 0
	2015	0.668 9	1.923 8	0.116 8	3.068 8	10.307 7
	2016	0.057 7	1.218 7	0.741 1	2.578 7	6.987 5
	2017	0.450 0	0.934 3	0.720 8	2.807 3	9.844 6
	均值	0.307 2	1.345 2	0.474 0	2.667 3	8.983 0

注：同表 3 - 3。

6.5.2　影子价格的影响因素

要继续说明导致五种非期望产出边际减排成本不同的影响因素，按照式（6 - 12）展开回归：

$$\ln q_{itk} = f(vintage, size, location) + \varepsilon, k = 1, 2, 3, 4, 5$$

$$(6 - 13)$$

式（6 - 13）中，k 是非期望产出的类别，$k = 1$ 表示化学需氧量、$k = 2$ 表示五日生化需氧量、$k = 3$ 表示悬浮物、$k = 4$ 表示动植物油、$k = 5$ 表示氨氮。$\ln q_{itk}$ 表示的是肉羊屠宰加工企业 i 的第 k 种非期望产出在第 t 年的边际排放成本的对数表达式。非期望产出的边际排放成本受到肉羊屠宰加工企业自身特征以及环境约束的双重作用。结合前人的研究以及本部分数据的实际情况，我们选取肉羊屠宰加工企业创建时长的对数（$In\,vintage$）、企业规模（$Size$）和地理位置（$Location$）作为分析影子价格的影响因素。

企业创建时长（$Vintage$），表示肉羊屠宰加工企业从创建到现在的年头数。一般来说，新创建的企业与老企业进行比较，新创建的企业更加愿意使用科技含量最高的节能减排设备。新创建的企业若想继续降低非期望产出需要承受的困难比老企业大得多。所以，预计企业创建时长对影子价格的影响是负。分析过程中运用企业创建时长的对数形式。

企业规模（$Size$），一般来说肉羊屠宰加工企业的规模越大，那么该企业的资源使用效率和减少污染物排放的能力就越强。使用虚拟变量 $Size = 1$ 代表大型企业，$Size = 2$ 代表中型企业，$Size = 3$ 代表小型企业，$Size = 4$ 代表微型企业，企业规模的分类方法与第 5 章一样。预计企业规模对影子价格的影响是负。

地理位置（*Location*），从表 6 - 7 中可以看出，不同地区的肉羊屠宰加工企业的影子价格具有很大区别，因为各个地区的政策以及环境差异，企业所在地区差别完全有可能成为影子价格的影响因素，使用区域虚拟变量 *Location*＝1 代表东部地区，*Location*＝2 代表中部地区，*Location*＝3 代表西部地区。

表 6 - 7　非期望产出影子价格影响因素估算

变量	化学需氧量	五日生化需氧量	悬浮物	动植物油	氨氮
创建时长对数	0.300 1	0.797 1	0.750 7	−0.934 0	0.945 2
企业规模	0.011 9**	0.521 5	0.014 7**	0.001 1***	−0.000 3***
地理位置	0.000 9***	−0.676 9	0.562 0	0.059 8*	−0.000 7

注：同表 4 - 9。

表 6 - 7 显示的是五种非期望产出影子价格的影响因素估算结果，可以发现企业创建时长对除了动植物油之外的四种非期望产出的影子价格影响为正，但是都不显著；企业规模对除了氨氮之外的非期望产出的影子价格影响为正，除了五日生化需氧量之外的非期望产出的影子价格都十分显著，表明企业的规模越大，非期望产出的影子价格就越高，也就是边际减排成本越大，这与第 5 章的研究结论相同，表明非期望产出减排的规模效应不显著。地理位置对五日生化需氧量和氨氮之外的非期望产出的影子价格影响为正，对化学需氧量和动植物油的影响显著。

6.6　本章小结

通过对 2014 年至 2017 年全国 61 家肉羊屠宰加工企业水污染物的影子价格进行估计发现，肉羊屠宰加工企业水污染物中，化学需氧量（COD）的平均影子价格是 0.514 0 万元/吨；五日生化需氧量（BOD_5）的平均影子价格是 1.211 2 万元/吨；悬浮物（SS）的平均影子价格是 0.318 7 万元/吨；动植物油的平均影子价格是 2.397 8 万元/吨；氨氮的平均影子价格是 8.709 1 万元/吨。边际减排成本越高就说明排放的处理难度越大，五种非期望产出的边际减排成本差异较大，表明肉羊屠宰加工企业治理多种非期望产出所要面对的成本压力也不一样。

五种非期望产出目前的收费标准显著低于其边际减排成本，很难对肉羊屠宰加工企业降低非期望产出造成有力的制约。肉羊屠宰加工企业治理非期望产出的费用远超过其排放非期望产出带来的费用，所以，在现行的排污费政策管控的基础上，肉羊屠宰加工企业必然决定支付费用进行排放非期望产出而不是处理非期望产出。东部地区的氨氮排放量的影子价格最高，中部地区的五日生化需氧量的影子价格最高，西部地区的化学需氧量、悬浮物和动植物油的影子价格最高。区域差异的五种非期望产出的影子价格具有特别显著的区别，这就表明环境约束导致了肉羊屠宰加工企业具有相当水平的资源配置效率损耗。

通过对五种污染物影子价格影响因素的分析我们发现：企业成立时长对除了动植物油之外的其他四种非期望产出的影子价格影响为正，但是都不显著；企业规模对除了氨氮之外的非期望产出的影子价格影响为正，除了五日生化需氧量之外的非期望产出的影子价格都十分显著，表明企业的规模越大，非期望产出的影子价格就越高，也就是边际减排成本越大，这与第 5 章的研究结论相同，表明非期望产出减排的规模效应不显著。地理位置对五日生化需氧量和氨氮之外的非期望产出的影子价格影响为正，对化学需氧量和动植物油的影响显著。

第 7 章 环境约束政策对肉羊屠宰加工企业经济效率的影响

为了应对肉羊屠宰加工企业表现出来的水污染困境，管理部门制定了一大批清洁生产制度和废水排放政策，对肉羊屠宰加工企业废水排放的规定越来越严苛。肉羊屠宰加工企业面临的环境约束压力越来越大，对肉羊屠宰加工企业提升经济效率是正向激励还是反向妨碍呢？所以，客观地讨论环境约束政策对肉羊屠宰加工企业经济效率的影响会显得特别的关键。本章中的经济效率如果没有特别说明，那么就特指在环境约束背景下企业的经济效率，即环境经济效率。

本章将参照茹蕾[140]（2016）的做法，首先对肉羊屠宰加工企业的环境约束政策进行论述；其次构建门限效应模型，对环境约束政策对环境经济效率的影响进行分析；最后对门限效应进行检验，测算门限值。

7.1 肉羊屠宰加工企业的环境约束政策

自然环境具备某种程度的自我保护能力，被污染时，自然环境能够逐渐清除污染恢复活力[141]。然而，自然环境的自我保护能力并不是无限的，当污染物排放量逾越了自然环境的临界值，自然环境就会被毁坏。自然环境是特殊的稀缺资源，如果不进行必要的环境约束的前提下，势必会造成"公地悲剧"。有别于传统的"末端处理"手段，环境约束倡导从源头也就是在企业的生产环节就开始对资源与能源的投入和污染物的产生进行约束。

环境约束就是说由政府主导的推行展开一些制度法律对企业或者个人破坏环境的行为进行约束[142]。对企业而言，一方面，环境约束对其最关键的作用就是生产成本和企业形象，企业为了达到环境约束要求的标准就需要增加成本对产生的排放物进行治理，假设企业没有对排放物进行处理或者处理不达标，那么政府的环境管理部门就会对企业破坏环境的行为进行处罚，罚款对于企业来说也是一种变相的成本。另一方面，企业破坏环境的行为一旦被媒体公之于众，就会严重影响企业的社会形象，进而关系到企业经营的诸多环节，最主要的就是产品销售会被消费者排斥，研究表明，在羊肉产品特征和价格区别不明显的时候，消费者更倾向于购买企业社会形象好的企业的羊肉产品。

由于我国人口数量庞大、人均资源占有量相对缺乏是目前实际存在的。依赖消耗过量的资源和能源，推动经济的快速发展，同时也造成了资源和环境约束的红线。耗费自然资源是企业进行生产的基础，导致环境的变化也是企业生产行为的势必结果[143]。

那么难题就出现了，不管是资源的消耗或者环境的变化尤其是对环境负向的变化，都必须有节制。过量消耗资源和毁坏环境，不但使得企业的经营不能够继续开展，还会危害到人民群众生活的根本基础。

作为世界上最大的发展中国家，对资源的消耗和对环境的作用同样也是异常明显的。当中国经济迈入 21 世纪以来，资源和环境难题就显得愈发得突兀。这就要求我们务必认真地考量：企业如何在更加严酷的资源和环境约束前提下实现可持续发展[144]。

对学者们所做的研究进行归纳可以看出，对关于环境约束问题的分析已经逐渐地由针对整个行业细致到个别的企业，然而因为企业数据难以获取，所以对环境约束背景下的企业经济效率研究刚刚崭露头角，仍然举步维艰。另外，很多学者从讨论环境约束对企业传统经济效率的影响开始转向环境约束对企业环境经济效率的影响。

肉羊屠宰加工企业排放废弃物给周边环境和百姓健康带来了巨大的威胁和影响，在缺乏有效的约束行为的前提下，可能会导致对环境接受程度的巨大挑战。环境约束政策是政府主导的通过制定相关的法律法规制约企业的污染排放行为。环境约束政策可以给企业带来广泛的影响，例如企业成本和科技研发甚至是企业的经济效率的变化。适度的环境约束政策能够激励企业开展更多的科技创新，能够提升企业的核心竞争力，能够综合履行环境责任给企业造成的成本增加，而且还能够提升企业产品的品质，进一步增强企业在终端销售时的获利水平，最终达到提升企业经济效率的目的。

目前，肉羊屠宰加工企业的环境行为还没有得到足够的重视，大家的关注点还主要停留在那些重工业企业的环境行为上，例如化工、钢铁、电力、机械等对环境影响较大的行业。然而，随着时间的车轮不断向前滚动，部分肉羊屠宰加工企业对环境的破坏积少成多，等到大家发现的时候，资源枯竭、地下水和地表水受到极大的污染，治理和恢复难度巨大，到了那个时候，将悔之晚矣。

尽管能够根据一定的划分条件把肉羊屠宰加工企业按照地理位置划分成不同的类别，探索企业发展环境差异和制度环境差异，然而要面对的难题却是在真实的处理过程中，很难精确地掌控划分条件，更别说获取精确恰当的计算结果了。然而最近几年学者们广泛使用的门限效应能够化解上面提到的问题。

本部分的数据来源于第 3 章计算得出的环境约束背景下的肉羊屠宰加工企业经济效率，从自身实际情况出发，分析环境约束政策对肉羊屠宰加工企业经济效率的影响，并验证环境约束政策会不会存在"门限效应"。

7.2 环境约束政策对肉羊屠宰加工企业经济效率影响的模型构建

7.2.1 门限效应模型的计算过程

"门限效应"最早是由 Hansen[145]（1999）开始使用的，假定存在一个门限的表达式为：

$$y_{it} = \mu_i + \theta X_{it} + \beta_1 EC_{it} \cdot I(EC_{it} \leqslant \gamma) + \beta_2 EC_{it} \cdot I(ER_{it} > \gamma) + \varepsilon_{it}$$

$$(7-1)$$

式（7-1）中，$i=1, 2, \cdots, M$，代表各个肉羊屠宰加工企业；$t=1, 2, \cdots, T$，代表不一样的年份；y_{it} 代表每一个肉羊屠宰加工企业的环境经济效率；EC_{it} 代表环境约束政策因素，即门限效应，γ 代表指定的门限值；$I(\cdot)$ 代表指标函数，当前提符合时等于 1，如果不符合就等于 0；X_{it} 代表控制变量；θ 代表系数；μ_i 代表个别效应；ε_{it} 代表随机干扰项，$\varepsilon_{it} \sim i.i.dN(0, \sigma_\varepsilon^2)$。

假设 $\beta=(\theta,\beta_1,\beta_2)'$，$x_{it}(\gamma)=(X_{it},ER_{it}\cdot I(ER_{it}\leqslant\gamma),ER_{it}\cdot I(ER_{it}>\gamma))$，那么式（7-1）就相当于

$$y_{it}=\mu_i+x_{it}(\gamma)\beta+\varepsilon_{it} \qquad (7-2)$$

对式（7-2）展开计算时，第一步就必须消除个别效应 μ_i：

$$y_{it}=x_{it}^*(\gamma)\beta+\varepsilon_{it}^* \qquad (7-3)$$

然后对全部参考值开始展开累计叠加，就可以得到下式：

$$Y^*=X^*(\gamma)\beta+\varepsilon^* \qquad (7-4)$$

获取 β 值：

$$\hat{\beta}(\gamma)=[X^*(\gamma)'X^*(\gamma)]^{-1}X^*(\gamma)'Y^* \qquad (7-5)$$

$S_1(\gamma)=\hat{e}^*(\gamma)'\hat{e}^*(\gamma)$。

经过计算 $S_1(\gamma)$ 的最小值来获取门限值 $\hat{\gamma}=\arg\min_{\gamma}S_1(\gamma)$，能够获取参数 $\hat{\beta}=\hat{\beta}(\hat{\gamma})$、$\hat{e}^*=\hat{e}^*(\hat{\gamma})$ 和 $\hat{\sigma}=\hat{\sigma}^2(\hat{\gamma})=\hat{e}^{*'}\hat{e}^*/M(T-1)$。

做完单一门限的验证，如果 F_1 显著，表明起码有一个门限值，然后再一次进行上面过程验证会不会有下一个门限值，到 F_1 不显著为止。

7.2.2 门限效应函数说明

（1）因变量

本部分分析用到的因变量来源于第 3 章测算的环境约束背景下的肉羊屠宰加工企业的经济效率，即环境经济效率。

（2）解释变量

环境约束政策指标的选择能够对实证分析得出的结论产生巨大影响[146]。从本书研究对象的自身特征以及数据获取的实际情况，拟参考 Murty 等[147]（2006）的做法，建立两个环境约束指数，分别是减排指数（Polution Decrease Index，DI）和节能指数（Energy Conservation Index，EI）。减排指数 DI 表示各肉羊屠宰加工企业五种非期望产出的真实排放浓度和全部肉羊屠宰加工企业非期望产出最高排放浓度的比值的几何平均数，详细表达为：

$$DI_i=\left(\frac{COD_i}{COD_{\max}}\frac{BOD_{5i}}{BOD_{5\max}}\frac{SS_i}{SS_{\max}}\frac{AVO_i}{AVO_{\max}}\frac{NH_i}{NH_{\max}}\right)^{1/5} \qquad (7-6)$$

其中，COD 表示化学需氧量、BOD_5 表示五日生化需氧量、SS 表示悬

浮物、AVO 表示动植物油、NH 表示氨氮。减排指数 $\in [0，1]$，肉羊屠宰加工企业排放的非期望产出浓度越大，减排指数就越高，说明肉羊屠宰加工企业对环境约束的让步幅度越小，受到环境约束政策的束缚就越弱。节能指数 EI 表示资源与能源消耗量占投入总成本的比重。节能指数越小，表明企业节约使用资源与能源的水平越高。

（3）控制变量

在分析环境约束政策对企业经济效率的作用时，应当对其他能够影响企业经济效率的变量进行限制。综合之前学者们的做法以及肉羊屠宰加工企业本身的特征，选择下面三个控制变量：

①企业创建时长（ln Vintage），表示肉羊屠宰加工企业从创建到现在的年头数。一般来说，新创建的企业与老企业进行比较，新创建的企业更加愿意使用科技含量最高的节能减排设备。新创建的企业若想继续降低非期望产出需要承受的难度比老企业大得多。所以，预计创建时长对企业的经济效率负相关。分析过程中运用企业创建时长的对数形式。

②开工率（Rate of Operation），表示企业正常生产所占的比例，本书的开工率＝肉羊屠宰加工企业实际屠宰量/屠宰能力，正常来说，企业的开工率越高，企业资源与能源的利用效率就会越高；反之，如果企业的开工率越低，则企业对资源与能源的利用效率就会越低，开工率越低则表明企业的资源与能源存在闲置和浪费现象，具体对肉羊屠宰加工企业而言，由于原料肉羊的数量和质量不足以满足肉羊屠宰加工企业的要求，就会造成肉羊屠宰加工企业的开工率低。

③财务与管理成本权重（Financial Cost and Administration Cost），表示财务成本和管理成本之和占总成本的比重，正常来说，屠宰加工要先行支付肉羊收购的成本，然后进行生产加工，再进行羊肉产品的销售，才能回收款项，整个过程对资金的需求量特别大。如果企业在资金充裕的基础上，企业就不需要向银行或者其他金融机构进行贷款，企业的财务成本相应地会非常低；而管理成本能够体现企业领导者对企业的控制能力，企业的控制能力越强，管理手段越科学，那么企业内部的运行效率就会越高，形成的管理成本就会越低。财务成本和管理成本能够充分体现企业的资金周转能力和科学管理水平。

本部分用到的数据来自第3章的计算结果和企业的实际调研，变量的解释和说明与之前一样。表7-1表示的是"门限效应"模型指标的相关分析。

表7-1　"门限效应"指标相关分析

指标	均值	最大值	最小值	标准差
环境经济效率	0.510	1.000	0.100	0.258
减排指数	0.808	1.000	0.619	0.079
节能指数	0.849	0.958	0.488	0.081
创建时长的对数	2.080	3.091	0.693	0.567
开工率	0.490	0.967	0.067	0.181
财务管理成本比重	0.102	0.354	0.019	0.060

数据来源：作者根据调研数据和第3章的测算结果整理得到。

从表7-1中我们可以看出，企业减排指数的均值是0.808，最大值是1.000，最小值是0.619，标准差是0.079；节能指数的均值是0.849，最大值是0.958，最小值是0.488，标准差是0.081；被调研的肉羊屠宰加工企业中，创建最早的一家企业在1996年成立，距离调研开始的时间已经超过20年，而创建最晚的一家企业在2014年成立，正好和调研开始的时间相同，2014年的数据就是该企业的成立元年数据；创建时长对数的平均值是2.080，最大值是3.091，最小值是0.693，标准差是0.567；开工率的均值是0.490，最大值是0.967，最小值是0.067，标准差是0.181；财务管理成本比重的均值是0.102，最大值是0.354，最小值是0.019，标准差是0.060。表明企业创立时长的对数的差异化程度最明显，财务管理成本比重的差异化程度最低。

7.3　环境约束政策对肉羊屠宰加工企业经济效率影响的实证检验

7.3.1　环境约束政策对肉羊屠宰加工企业经济效率影响的门限效应检验

为了防止在门限效应测算的时候发生误差的难题[148]，第一步就必须对数据展开相关检验[149]。根据数据的实际情况选择 Harris-Tzavalis 检验、

Breitung 检验、IFisher-ADF 检验和 Fisher-PP 检验四种手段对数据展开平稳性检验[150]。表 7－2 向我们展示了检验结果，可以看到虽然 Harris-Tzavalis 检验和 Breitung 检验的显著性水平没有全部通过，但是 IFisher-ADF 检验和 Fisher-PP 检验均在 1％统计水平上显著，所以可以认为全部数据都是平稳的。

表 7－2 "门限效应"检验

变量	Harris-Tzavalis	Breitung	ADF	*PP*
环境经济效率	−5.058 8***	−3.409 6***	5.924 4***	20.543 1***
减排指数	−0.535 7	−0.347 4	4.868 3***	26.352 7***
节能指数	−2.068 6**	1.095 3	5.100 9***	30.747 6***
成立时间的对数	4.947 5	7.636 5	27.237 0***	273.699 7***
开工率	1.401 0	1.353 2	3.987 7***	4.890 1***
财务管理费用比例	−1.879 3**	0.161 9	6.218 8***	19.038 0***

注：同表 4－9。

接下来要明确门限的数量和门限值，也就是验证门限效应是否显著[151]。表 7－3 展示了对数据分别进行多重门限检验的结果，从中我们能够看到，如果把减排指数（DI）当作门限指标，单一门限通过了检验，而双重门限未通过，也就是说减排指数（DI）有一个门限值；如果把节能指数（EI）当作门限变量，单一门限和双重门限都通过了检验，而三重门限未通过，也就是说节能指数（EI）存在两个门限值。减排指数（DI）的门限值是 0.735，节能指数（EI）的两个门限值分别是 0.807 和 0.918。这就能够表明，环境约束政策对肉羊屠宰加工企业经济效率具有显著的非线性影响。

表 7－3 面板门限估计的显著性检验结果

门限类型	减排指数		节能指数		
门限数	单一	双重	单一	双重	三重
F 值	11.67***	11.31	11.51***	11.24***	11.03
门限值	0.735		0.807	0.918	

注：同表 4－9。

7.3.2 环境约束政策对肉羊屠宰加工企业经济效率影响的门限估计结果

如表 7-4 所示的肉羊屠宰加工企业门限估计结果，我们可以看出减排指数和节能指数对肉羊屠宰加工企业经济效率的反映，对照模式 a 和模式 b 的测算结果。如果减排指数与节能指数都大于 0 的时候，那么表明企业的让步幅度较大，节能指数越小，肉羊屠宰加工企业的环境经济效率越低。

表 7-4 肉羊屠宰加工企业门限估计结果

变 量	模式 a	模式 b
成立时间	-0.34	1.27
开工率	4.26***	2.77***
财务管理费用比例	3.21***	-40.17***
门限变量：		
减排指数（$DI<0.735$）	0.58***	
减排指数（$DI \geqslant 0.735$）	4.61***	
节能指数（$EI<0.807$）		-5.57***
节能指数（$0.807 \leqslant EI<0.918$）		2.52***
节能指数（$CI \geqslant 0.918$）		3.60***

注：同表 4-9。

通过模式 a 我们能够得出，减排指数与肉羊屠宰加工企业环境经济效率之间负相关，表明减排越大，对环境约束的让步幅度越高。表明环境约束的开展对企业经济效率的提升存在促进效用，然而他们之间并非是单纯的线性关系。减排指数值不同，那么它对环境经济效率的作用效果也有区别。如果减排指数小于 0.735 时，那么减排指数每减少 0.001，则对环境经济效率的影响是 -0.00058；如果减排指数大于 0.735 时，那么减排指数每减少 0.001，对环境经济效率的影响是 -0.00461。所以，对平均边际效应来说，当环境约束政策的力度慢慢加大时，企业的环境经济效率在不断增加。对肉羊屠宰加工企业来说，对环境约束的让步力度越大，越能够促进肉羊屠宰加工企业提升经济效率。

肉羊屠宰加工企业想要达到符合非期望产出排放浓度的标准，就要求企业增加投入建设废水处理系统对排放的废水展开治理。环境约束政策对非期望产出排放浓度的标准越高，对肉羊屠宰加工企业的废水治理工艺的条件就会越严格。一方面，企业必须增加成本对其废水处理系统和配套设施进行更新换代，这在无形中提高了企业的成本。但是另一方面，企业排放废水中污染物的浓度也在大幅度降低，而且降低的程度超过了企业增加成本导致的环境经济效率下降的程度。

通过模式 b 我们能够得出，如果节能指数大于 0.918 时，当节能指数渐渐增大时，它会逐渐提高，由 2.52 增加到 3.60；如果节能指数位于 0.807 和 0.918 当中时，节能指数与环境经济效率显著正相关，说明当节能指数渐渐增大时，企业的环境经济效率慢慢提高；如果节能指数小于 0.807 时，当节能指数慢慢增大时，其会持续下降。如果企业节能水平慢慢提高时，它的环境经济效率会渐渐提高。这就表明严格的环境约束政策可以提升企业的经济效率，进而促进其核心竞争力的增强。

较高的节能水平能够帮助企业节约生产成本，进而提升企业的经济效率，企业在增加期望产出和减少非期望产出的时候会出现共生。伴随着节能设备以及工艺的推广，企业增加正向产出和减少负向产出的综合成本会少于各自生产的成本，即"1+1＜2"，节省成本的关键表现在废弃物的再利用和能源的高效利用。对于肉羊屠宰加工企业而言，能够对废弃物中能够用来燃烧发电的副产品进行回收再利用是一件相对简单的事情，这样做不但可以节约企业的能源成本，还能够同时降低废弃物中的有机物排放浓度。

然而，如果企业的节能水平到达一个临界点后，也就是节能指数低于 0.807 时，进一步使企业提高节能水平反而会损耗企业的经济效率。所以，在设立企业的节能目标时，不要执着地要求企业节能水平的持续上升，而是应该参照肉羊屠宰加工企业节能指数的门限值 0.807。

对控制变量来说，肉羊屠宰加工企业的开工率对其经济效率的提升具有显著的正向影响，开工率高说明肉羊屠宰加工企业的生产时间占全年时间的比例就高，企业能够生产出来的羊肉产品的量就大，正常来说，企业能够获取到的利润就越高，企业的经济效率就越高。

财务管理成本比重对其经济效率具有显著的正向影响，财务管理成本比重越低的企业，其管理就越规范、越科学，说明企业拥有更多可支配的资金，可以用来提升企业的生产设备和技术工艺的能效水平，同时，高水平的企业管理会提高企业的运行效率，高效率的管理会降低管理成本，这两个方面的提高都会促进企业经济效率的提高。

企业创建时长对其经济效率的提高影响为正，但是不显著。表明新老肉羊屠宰加工企业对提升经济效率的作用根本就不存在显著区别。也许新创建的企业一般会趋向使用清洁生产型设备和工艺，然而在严苛的环境约束背景下，老旧的肉羊屠宰加工企业也需要使用较高标准的设备和工艺，这就令新老企业在软硬件上的区别不是特别清楚，现在还没有说老旧肉羊屠宰加工企业的软硬件水平落伍的情况。

7.4　本章小结

减排指数、节能指数与肉羊屠宰加工企业的经济效率存在"门限效应"，减排指数存在一个门限值 0.735，节能指数存在两个门限值 0.807 和 0.918。

减排指数与肉羊屠宰加工企业环境经济效率之间负相关，表明减排越大，企业对环境约束的让步幅度越强，效率越低。表明环境约束的开展对企业经济效率的提高存在促进效用，然而它们之间并非单纯的线性关系。减排指数取值不同，它的作用也会不一样。当环境约束政策的力度慢慢加大时，企业的环境经济效率在不断增加。对肉羊屠宰加工企业来说，对环境约束的让步力度越大，越能够促进肉羊屠宰加工企业提升经济效率。

节能指数取值不同，其与肉羊屠宰加工企业经济效率的关系也就不一样，如果节能指数大于 0.918 时，那么节能指数和环境经济效率显著正相关；如果节能指数位于 0.807 和 0.918 当中时，节能指数与环境经济效率显著正相关；如果节能指数小于 0.807 时，节能指数和环境经济效率显著负相关。这就表明严格的环境约束政策可以提升企业的经济效率，进而促进其核心竞争力的增强。

从企业内部经济情况来看，肉羊屠宰加工企业的开工率和财务管理成本比重对其经济效率的提升显著正相关，企业创建时长对其经济效率的提高影响为正，但是不显著。表明新老肉羊屠宰加工企业对提升经济效率的作用根本就不存在显著区别。

第 8 章　结论与建议

8.1　主要研究结论

（1）通过使用改进的层次分析法对取得的来自全国 22 个省和自治区的 122 家肉羊屠宰加工企业进行分析表明，我国肉羊屠宰加工企业环境管理混乱，生产准备阶段重视环保程度不够，节能节水技术落后措施少，废弃物肆意排放，回收利用率极低，环境应急管理真空。

（2）在不同背景下，我国肉羊屠宰加工企业整体的经济效率都处于较低的状态，纯技术效率和规模效率呈现出较大差别，规模报酬变化不一，但差别不大，规模效率明显。在节能背景下，肉羊屠宰加工企业资源与能源投入冗余情况严重。通过对不同背景下我国肉羊屠宰加工企业的经济效率进行比较发现，2014 年，只有 3 家企业比较重视节能工作，有 20 家企业比较重视环境保护；2015 年，有 28 家企业比较重视节能工作，有 37 家企业比较重视环境保护；2016 年，只有 1 家企业比较重视节能工作，有 6 家企业比较重视环境保护；2017 年，有 5 家企业比较重视节能工作，有 15 家企业比较重视环境保护。

（3）传统背景下肉羊屠宰加工企业经济效率的灰色关联度从高到低为开工率、研发人员比例、核心员工平均受教育年限、员工平均年龄、企业成立时长和企业规模；节能背景下肉羊屠宰加工企业的经济效率的灰色关联度从高到低为核心员工平均受教育年限、开工率、研发人员比例、员工平均年龄、企业成立时长和企业规模；环境约束背景下肉羊屠宰加工企业的经济效率的灰色关联度从高到低为核心员工平均受教育年限、开工率、研发人员比例、员工平均年龄、企业成立时长和企业规模。

传统背景下，研发人员比例、员工平均年龄和企业成立时长的影响显著为正，核心员工平均受教育年限、开工率和企业规模的影响不显著；节能背景下，所有影响因素的影响都不显著；环境约束背景下，开工率的影响显著为正，核心员工平均受教育年限、研发人员比例、员工平均年龄、企业规模和企业成立时长的影响不显著。

（4）从不同时间来看，2014—2015 年的环境经济效率增长，纯技术效率无变动，技术进步，规模效率无变动，技术效率没有偏离；2015—2016 年的环境经济效率增长，纯技术效率恶化，技术进步，规模效率无变动，技术效率下降；2016—2017 年的环境经济效率增长，纯技术效率改进，技术进步，规模效率提高，技术效率不变。

从不同地区来看，肉羊屠宰加工企业环境经济效率的差异较为明显，西部地区肉羊屠宰加工企业的平均环境经济效率高于东部和中部，肉羊屠宰加工企业投入要素的利用效率依然较低，肉羊屠宰加工企业的实际产出与最优产出之间存在差距。

从不同规模来看，微型肉羊屠宰加工企业环境经济效率最高，其次是小型企业，大中型企业最低，肉羊屠宰加工企业环境经济效率的提升和企业规模成反比，不同规模内部的肉羊屠宰加工企业环境经济效率的差异不大，中型企业之间的环境经济效率差异最大，微型企业之间的环境经济效率差异最小，所有类型企业的环境经济效率呈现出先升后降的趋势，且下降的程度高于上升的程度，环境经济效率最高值均出现在 2015 年，最低值均出现在 2016 年。

对肉羊屠宰加工企业环境经济效率进行收敛性分析的结果显示，没有表现出明显的 α 收敛，全国范围内的企业环境经济效率的变异系数变化幅度较小，企业环境经济效率之间的差异有扩大的现象；中部地区肉羊屠宰加工企业环境经济效率的变异系数显著高于东部和西部地区，西部地区肉羊屠宰加工企业之间的环境经济效率差距较大。东部地区的肉羊屠宰加工企业环境经济效率的变异系数先升后降，中部地区的肉羊屠宰加工企业环境经济效率的变异系数出现波动，西部地区的肉羊屠宰加工企业环境经济效率变异系数持续上升。所有地区企业的环境经济效率都没有表现出明显的收敛趋势，说明促进肉羊屠宰加工产业发展的政策还不到位，我国肉羊屠宰加工产业发展遇到瓶颈。

中国总体和中部地区肉羊屠宰加工企业环境经济效率符合绝对 β 收敛，东部和西部地区肉羊屠宰加工企业环境经济效率不符合绝对 β 收敛。2014—2017 年，中部地区和中国总体的肉羊屠宰加工企业的环境经济效率存在共同收敛趋势，企业环境经济效率趋向稳定水平；而东部地区和西部地区的肉羊屠宰加工企业的环境经济效率不存在共同收敛趋势，企业环境经济效率没有趋向稳定水平；不同地区的肉羊屠宰加工企业环境经济效率条件 β 收敛的回归结果均为负值，总体、东部地区和中部地区都通过显著性检验，说明总体、东部地区和中部地区的肉羊屠宰加工企业环境经济效率均存在条件 β 收敛的特征，能够避免出现企业环境经济效率水平差异不断扩大的情况；西部地区未通过显著性检验，说明西部地区的肉羊屠宰加工企业环境经济效率不存在条件 β 收敛的特征，很难避免出现企业环境经济效率水平差异不断扩大的情况。

（5）通过对 2014 年至 2017 年全国 61 家肉羊屠宰加工企业水污染物的影子价格进行估计发现，肉羊屠宰加工企业水污染物中，化学需氧量（COD）的平均影子价格是 0.514 0 万元/吨；五日生化需氧量（BOD_5）的平均影子价格是 1.211 2 万元/吨；悬浮物（SS）的平均影子价格是 0.318 7 万元/吨；动植物油的平均影子价格是 2.397 8 万元/吨；氨氮的平均影子价格是 8.709 1 万元/吨。边际减排成本越高说明排放的处理难度越大，五种非期望产出的边际减排成本差异较大，表明肉羊屠宰加工企业治理多种非期望产出所要面对的成本压力也不一样。

五种非期望产出目前的收费标准显著低于其边际减排成本，很难对肉羊屠宰加工企业降低非期望产出造成有力的制约。肉羊屠宰加工企业治理非期望产出的费用远超过其排放非期望产出带来的费用，所以，在现行的排污费政策管控的基础上，肉羊屠宰加工企业必然决定支付费用进行排放非期望产出而不是处理非期望产出。东部地区的氨氮排放量的影子价格最高，中部地区的五日生化需氧量的影子价格最高，西部地区的化学需氧量、悬浮物和动植物油的影子价格最高。区域差异的五种非期望产出的影子价格具有特别显著的区别，这就表明环境约束导致了肉羊屠宰加工企业具有相当水平的资源配置效率损耗。

通过对五种污染物影子价格的影响因素的分析发现：我们发现企业成立时长对除了动植物油之外的非期望产出的影子价格影响为正，但是都不显著；企业规模对除了氨氮之外的非期望产出的影子价格影响为正，除了五日生化需氧量之外的非期望产出的影子价格都十分显著，表明企业的规模越大，非期望产出的影子价格就越高，也就是边际减排成本越大，这与第五章的研究结论相同，表明非期望产出减排的规模效应不显著。地理位置对五日生化需氧量和氨氮之外的非期望产出的影子价格影响为正，对化学需氧量和动植物油的影响显著。

（6）环境约束政策对肉羊屠宰加工企业环境经济效率具有明显的非线性影响，具体表现为：减排指数、节能指数与环境经济效率的关系存在"门限效应"，减排指数存在一个门限值，节能指数存在两个门限值。约束减排指数对环境经济效率有显著的负作用，且随着减排指数从大到小跨越门限值时，对环境经济效率的平均边际影响逐渐减小。这意味着，肉羊屠宰加工企业对环境政策的妥协程度越大，其环境经济效率越高，可以实现"双赢"。当节能指数从大到小跨越门限值 0.918，且不小于 0.807 时，企业节能能力不断提高时，环境经济效率不断得到改善，在一定程度上验证了环境波特假说。但当企业节能能力达到一定程度后，即节能指数小于 0.807 时，继续提高企业节能能力会导致环境经济效率的降低。

从企业内部经济情况来看，企业的开工率和财务管理费用对其环境经济效率的提高显著正相关，企业成立时长对其环境经济效率的提高影响为正，但是不显著。

8.2　提高我国肉羊屠宰加工企业经济效率发展的政策建议

针对上面取得的研究成果，笔者归纳出五条建议改进和提升我国肉羊屠宰加工企业在不同背景下的经济效率，促进肉羊屠宰加工企业健康、快速、稳定发展。

（1）从自身出发，强化企业各种能力

优化企业资源配置，提升企业管理水平和能力；明确发展方向，紧跟市场发展脚步；科学合理地进行能源管理，提高能源管理效率，降低生产成本；主导建立肉羊屠宰加工供应链利益联结机制，规避市场和价格风险，提高质量；探索深加工领域，增加羊肉产品的附加值。

（2）重视良种肉羊的培育和推广，提升肉羊产量和品质，保证原料供给的数量和质量

肉羊屠宰加工企业经受着加工能力与肉羊供给量无法匹配的难题，原料肉羊的供给数量的短缺导致肉羊屠宰加工企业出现工人闲置、设备搁置的现象。依靠科研院所和高校，努力学习和引进高水平的科研成果和先进的技术工艺，增强对肉羊新品种的投入力度，繁育出能够在多种环境下育肥的高产肉羊，同时提高肉羊新品种的抗病性有重要意义。因为原料肉羊的数量和品质能够影响肉羊屠宰加工企业的经济效率，所以要激励肉羊屠宰加工企业，尤其是资金量充足的肉羊屠宰加工企业加入良种肉羊的繁育和高品质肉羊养殖之中，提升原料肉羊的产量和质量，进而在养殖数量不变乃至稍有降低的情形下能够达到增加产量和增加收入的目的，提高农牧民的肉羊养殖的利润和主人翁意识，进而达到提高原料肉羊供应。这是肉羊屠宰加工企业提升经济效率的关键路径。

（3）激励肉羊屠宰加工企业间展开兼并重组，达到规模化生产

肉羊屠宰加工企业具有显著的规模效应，大型肉羊屠宰加工企业在提升资源与能源利用效率和减少非期望产出排放上都具备强大的能力。达到肉羊屠宰加工企业的规模化生产，需要从两个方面推进。第一个方面是通过制定产业政策、提高对羊肉产品的质量要求和环境准入门槛等手段，淘汰或兼并那些加工技术落伍、设备老旧的小微型肉羊屠宰加工企业，提高肉羊屠宰加工企业总体的生产规模。第二个方面是激励和促成现有的肉羊屠宰加工企业之间进行更加深入的合作，成立规模更大、实力更强的肉羊屠宰加工集团；另外，由于羊肉产品市场价格剧烈震动导致的肉羊屠宰加工企业总体陷入低谷，大型肉羊屠宰加工企业的兼并重组的可能性越来越大。

（4）激励肉羊屠宰加工企业加大研发投入，持续展开工艺更新和换代

肉羊屠宰加工企业的加工工艺与技术能力较差是造成企业在不同背景下经济效率都不高的重要因素。需要尽快督促对肉羊屠宰加工生产的各工艺环节展开更新和改良，更换能源效率低下和落伍的生产技术和装备，增加技术

研发投入，改良肉羊屠宰加工生产环节、提高技术能力。概括来说，肉羊屠宰加工企业要实现初加工与深加工的生产分离，从根源上提升肉羊屠宰加工企业的产品附加值。激励中小型肉羊屠宰加工企业只对原料肉羊开展初加工，通过销售肉羊胴体获取利益；指引大型肉羊屠宰加工企业进行羊肉产品的深加工，使大型肉羊屠宰加工企业与中小型肉羊屠宰加工企业之间的联系更加紧密。逐步达到肉羊屠宰加工企业的规模化生产和差异加工，不但能够提高企业在市场中的地位和重要性，增强其对市场的支配水平；而且能够达到废水的集中处理，肉羊屠宰加工企业之间进行合作，共建废水处理厂，不仅可以分担建设成本，还能够降低对环境的破坏，进而提升企业的经济效率。

（5）适当控制肉羊屠宰加工企业环境约束的强度，达成肉羊屠宰加工企业发展和环境水平提高的"双赢"局面

环境约束政策和征收排污费是现在肉羊屠宰加工企业处理环境困境的关键措施。环境约束水平的高低将会直接导致肉羊屠宰加工企业面临的减排压力，进而对肉羊屠宰加工企业的经济效率产生较大影响。依据环境约束政策与肉羊屠宰加工企业经济效率之间的非线性关系，在制定相关的规定时要全盘考量环境目标和企业经济效率的融合，争取达到"双赢"。适当的环境约束政策首先要综合国家和地方对环境目标的追求，然后要对肉羊屠宰加工企业真实的非期望产出的排放状况展开周密的监督管理，详尽客观地获取企业相关数据，在掌控肉羊屠宰加工企业整体的污染物排放状况的前提下，恰当地设立不同种类的非期望产出和废水排放规范。对肉羊屠宰加工企业来说，环境约束是肉羊屠宰加工企业产业升级的机遇，通过合理利用资金、设备更新、工艺改进、并购重组等手段，达到肉羊屠宰加工企业综合实力和环境质量都能够明显提高的"双赢"局面。

8.3 研究不足与展望

本研究以环境约束和经济效率作为理论指导，对肉羊屠宰加工企业进行了全方位分析，探究了我国肉羊屠宰加工企业在不同背景下的经济效率，构建了影响我国肉羊屠宰加工企业经济效率的模型。由于准确的影响因素评价

要对很多指标进行限制，但是受到数据的束缚，以及各影响因素之间互相影响的障碍；另外受到肉羊产业在农业中比重不大的束缚，肉羊产业发展相关的数据十分短缺，而且还缺少连续性，特别是企业数据获取的难度大、精度差、周期长，这些困难都是本书的一些相关研究结论难以通过详尽的数据或严谨的经济管理学模型进行缜密分析的原因，不过，随着各级政府对肉羊产业重视程度的提高，信息技术的不断升级，肉羊产业发展的相关数据将会不断趋于完整、系统和准确，今后可以对我国肉羊屠宰加工企业的经济效率进行更为深入的研究和实证分析，具体表现在以下三个方面。

首先，没有完全考虑肉羊屠宰加工企业排放的所有污染物。肉羊屠宰加工企业排放的非期望产出不仅仅只有废水，而且还有废气和废物。由于受到数据的束缚，本书在测算肉羊屠宰加工企业环境经济效率时只涉及了废水中的污染物，没有能够把废气和废物中的污染物统计到分析研究中，或许会有对测算的结果有过高的估计值的偏差存在。

其次，数据周期较短。在确定本书的研究方向后，笔者从 2014 年就投入到了紧张的信息获取工作中，但是由于肉羊屠宰加工企业自身的实际情况，很多企业之前的数据记录不是很精确和翔实，另外有个别被调研企业是在 2014 年才创建，为了能够做到在保证数据准确性的基础上还能够充分利用数据，所以本研究最后确定的数据跨越时期是 2014 年到 2017 年，所以数据周期只有 4 年，很难完全体现出我国肉羊屠宰加工企业环境经济效率变动的所有特征和影响因素。

最后，未能将企业所有行为都纳入研究中。环境约束背景下，企业经济效率是体现企业生产经营活动能力的关键，但是，由于肉羊屠宰加工企业的生产活动和技术投入活动是分析企业怎么面对环境约束政策的关键措施。因为受到数据可得性和研究时间的双重束缚，本书没有能够对此困难展开进一步的讨论，需要在以后的探索中不断完善。

REFERENCES 参考文献

[1] 李秉龙，夏晓平，2012. 中国肉羊产业发展特征、矛盾及对策 [J]. 农业经济与管理 (1)：54-63.

[2] 耿宁，2015. 基于质量与效益提升的肉羊产业标准化研究 [D]. 北京：中国农业大学.

[3] 樊宏霞，2012. 内蒙古肉羊产业竞争力研究 [D]. 呼和浩特：内蒙古农业大学.

[4] 马友记，李发弟，2011. 中国养羊业现状与发展趋势分析 [J]. 中国畜牧杂志 (14)：16-20.

[5] 张英杰，2011. 2010 年养羊业特点及 2011 年发展建议 [J]. 北方牧业 (2)：9-10.

[6] 丁丽娜，2014. 中国羊肉市场供求现状及未来趋势研究 [D]. 北京：中国农业大学.

[7] Whipple，G. D. Menkhaus，D. J，1989. Supply response in the U. S. sheep industry [J]. American journal of agricultural economics (2)：126-135.

[8] J. P. Boutonnet，1999. Perspectives of the sheep meat world market on future production systems and trends [J]. Small Ruminant Research (34)：189-195.

[9] O. Gürsoy，2006. Economics and profitability of sheep and goat production in Turkey under new support regimes and market conditions [J]. Small Ruminant Research (62)：181-191.

[10] Stuart Mounter，Garry Griffith，2007. Composition of the National Sheep Flock and Specification of Equilibrium Prices and Quantities for the Australian Sheep and Wool Induetries [R]. Econmic Research Report (37).

[11] Singh，D. R.，Kaul，Sushila，Sivaramane'，2006. Migratory Sheep and Goat Production System：The Mainstay of Tribal Hill Economy in Himachal Pradesh. Agricultural Economics Research Review [J]. Agricultural Economics Research Association (India)，19 (2)：387-398.

[12] Fletche，S，Buetre，B and Morey，K.，2009. The value of the red meat industry to Australia [J]. ABARE research report (6)：3-26.

[13] S. Vatn，2009. The sheep industry in the Nordic countries [J]. small Ruminant Research（86）：80‐83.

[14] 王雪娇，肖海峰，2017. 不同养殖模式下肉羊生产技术效率和全要素生产率分析 [J]. 农业经济与管理（3）：90‐98.

[15] 王士权，常倩，李秉龙，2017. 中国羊肉市场价格动态变化及其关联效应 [J]. 北京航空航天大学学报（社会科学版）（5）：65‐70.

[16] 丁存振，赵瑞莹，2014. 我国肉羊屠宰加工业现状、问题及对策 [J]. 肉类研究（3）：31‐35.

[17] 王兆丹等，2012. 三峡库区肉羊屠宰加工企业 HACCP 管理模式的建立 [J]. 农产品加工（2）：133‐136.

[18] Cuthbertson AM，1976. Changing concepts in selection of operation for carcinoma of rectum [J]. Australian and New Zealand journal of surgery，46（4）：292.

[19] Cameron P N，1978. Carcass Classification and the Selection of Lamb Carcasses [J]. Proceedings of the Australian Society of Animal Production（12）：244.

[20] 薛恒芳，1990. 匈牙利肉联厂牛羊屠宰工艺简介 [J]. 肉类工业（2）：46‐47.

[21] 封俊，2006. 新西兰翻转式羊屠宰加工工艺及其特点 [J]. 肉类研究（10）：48‐51.

[22] 孔凡真，2007. 澳大利亚的牛羊加工业 [J]. 中国牧业通讯（14）：65.

[23] 陈丽，张德权，2015. 羊胴体分级技术研究现状及趋势 [J]. 食品科技，35（9）：146‐150.

[24] 周光宏，2011. 畜产品加工现状与趋势 . [J]. 中国食品学报（9）：231‐240.

[25] Goldstein，N；Putnoky，F.，1933. The economic efficiency of the artificial lighting in textile industries [J]. Zeitschrift Des Vereines Deutscher Ingenieure（77）：707‐712.

[26] Schultes，W.，1935. Economic efficiency of the modernisation in steam boiler companies [J]. Deutsche Medizinische Wochenschrift（79）：287‐292.

[27] 任琛，1957. 从统计数字看粮食部门精简之必要——兼论粮食购销企业劳动效率的计算方法 [J]. 统计工作（8）：9‐12.

[28] 任毅，丁黄艳，2014. 我国不同所有制工业企业经济效率的比较研究——基于规模效率、管理水平和技术创新视角 [J]. 产业经济研究（1）：103‐110.

[29] 马占新、温秀晶，2010. 基于面板数据的我国煤炭企业经济效率分析 [J]. 煤炭经济研究（7）：50‐53.

[30] 黄险峰、李平，2009. 国有企业效率、产出效应与经济增长：一个分析框架和基于中国各省区的经验研究 [J]. 产业经济评论 (1)：39－56.

[31] Spicer, BH, Investors, 1978. Corporate Social Performance and Information Disclosure-Empirical-Study [J]. Accounting Review, 53 (1)：94－111.

[32] Chen, KH；Metcalf, RW., 1980. Relationship Between Pollution-Control Record and Financial Indicators Revisited [J]. Accounting Review, 55 (1)：168－177.

[33] Edwards, S, 1998. Openness, productivity and growth：What do we really know? [J]. Economic Journal, 108 (447)：383－398.

[34] McWilliams. Abigail, Siegel, Donald, 2000. Corporate social responsibility and financial performance：Correlation or misspecification [J]. Strategic Management Journal, 21 (5)：603－609.

[35] Moskowitz, 1972. H. R＋D managers choices of development policies in simulated R＋D environments [J]. IEEE Transactions on Engineering Management, 19 (1)：22.

[36] Parket, IR；eilbirt, H., 1975. Social-Responsibility-Underlying Factors [J]. Business Horizons, 18 (4)：5－10.

[37] Palakshappa, Nitha；Grant, Suzanne, 2018. Social enterprise and corporate social responsibility：Toward a deeper understanding of the links and overlaps [J]. International Journal of Entrepreneurial Behavior & Research, 24 (3)：606－625.

[38] Wernerfelt, B, 1984. A Resource-Based View of the Firm [J]. Strategic Management Journal, 5 (2)：171－180.

[39] Cornell, B., Shapiro, 1987. Corporate stakeholders and corporate finance [J]. Financial management, 16 (1)：5－14.

[40] Garde Sanchez, Raquel；Rodriguez Bolivar, et al., 2017. Corporate and managerial characteristics as drivers of social responsibility disclosure by state-owned enterprises [J]. Review of Managerial Science, 11 (3)：633－659.

[41] Freeman, R. Edward, Evan, William M, 1990. Corporate governance：A stakeholder Interpretation [J]. Journal of Behavioral Economics, 19 (4)：337－359.

[42] Donaldson, T；Preston, Le, 1995. The stakeholder theory of the corporation-concepts, evidence, and implications [J]. Academy of Management Review, 20 (1)：65－91.

[43] Garde Sanchez, Raquel；Rodriguez Bolivar, et al., 2017. Lopez Hernandez, An-

tonio M. A Functional Neuroanatomy of Hallucinations in Schizophrenia [J]. International Journal of Logistics Management, 28 (4): 1027 – 1053.

[44] Rahmana, Febrizal, 2017. Economic Growth and Corporate Social Responsibility Implementation for State-Owned Enterprises in Mining Industry [J]. Advanced Science Letters, 23 (9): 8827 – 8831.

[45] 姜雨峰, 田虹, 2014. 绿色创新中介作用下的企业环境责任、企业环境伦理对竞争优势的影响 [J]. 管理学报, 11 (8): 1191 – 1198.

[46] 徐晶, 姜明慧, 2014. 基于企业社会责任的企业环境绩效评价维度研究 [J]. 对外贸易 (5): 101 – 102.

[47] Bradgon, J. L. T., & Marlin, J, 1972. Is pollution profitable? [J]. Risk Management, 19 (4): 9 – 18.

[48] Pasricha, Palvi; Singh, Bindu; Verma, Pratibha, 2018. Ethical Leadership, Organic Organizational Cultures and Corporate Social Responsibility: An Empirical Study in Social Enterprises [J]. Journal of Business Ethics, 151 (4): 941 – 958.

[49] Auppcrle K., Carroll, A., Hatfield, 1985. An empirical examination of the relationship between Corporate social responsibility and profitability [J]. Academy of Management Journal, 28 (2): 446 – 463.

[50] Garde-Sanchez, Raquel; Victoria Lopez-Perez, et al., 2018. Current Trends in Research on Social Responsibility in State-Owned Enterprises: A Review of the Literature from 2000 to 2017 [J]. Sustainability, 10 (7): 2403.

[51] Walley, N., Whitehead B, 1994. It's not Easy being Green [J]. Harvard Business Review, 72 (3): 46 – 48.

[52] Enderwick, Peter, 2018. The scope of corporate social responsibility in networked multinational enterprises [J]. International Business Review, 27 (2): 410 – 417.

[53] Vance, S. C, 1975. Are socially responsible firms' investment risks? [J]. Management Review (64): 18 – 24.

[54] Ortiz-Avram, Daniela; Domnanovich, et al., 2018. Exploring the integration of corporate social responsibility into the strategies of small-and medium-sized enterprises: A systematic literature review [J]. Journal of Cleaner Production, 201 (10): 254 – 271.

[55] Gong-Bing Bi, Wen Song, P. Zhou, Liang Liang, 2014. Does environmental regulation affect energy efficiency in China's thermal power generation? Empirical evidence

from a slacks-based DEA model [J]. Energy Policy (66)：537 - 546.

[56] William Chung, Guanghui Zhou, Iris M. H. Yeung, 2013. A study of energy efficiency of transport sector in China from 2003 to 2009 [J]. Applied Energy (112)：1066 - 1077.

[57] 张庆芝，何枫，赵晓，2010. 基于 DEA 的钢铁企业能源及水资源消耗与生产效率研究 [J]. 软科学，24 (10)：46 - 50.

[58] 王姗姗，屈小娥，2011. 基于环境效应的中国制造业全要素能源效率变动研究 [J]. 中国人口·资源与环境，21 (8)：130 - 137.

[59] 郭文，孙涛，2013. 中国工业行业生态全要素能源效率研究 [J]. 管理学报 (11)：1690 - 1695.

[60] 段婕，2014. 我国装备制造业技术效率评价的实证研究——基于超效率 DEA 和 TOBIT 两步法 [J]. 西北工业大学学报 (社会科学版) (1)：48 - 54.

[61] 茹蕾，司伟，2015. 所有制结构与企业能源效率——基于制糖业的实证研究 [J]. 大连理工大学学报 (社会科学版) (1)：19 - 25.

[62] 殷子涵，雷明，虞晓雯，2014. 中国钢铁行业能源环境效率分析 [J]. 中国管理科学，22 (11)：691 - 697.

[63] 车莉楠，彭真，2017. 基于 Bootstrap-DEA 方法的我国钢铁企业能源效率评价 [J]. 价值工程 (24)：65 - 67.

[64] 王艳秋，徐晓庆，2017. 基于超效率 DEA 的石油化工企业生态效率评价研究 [J]. 经济研究导刊 (20)：17 - 19.

[65] 孙源远，2009. 石化企业生态效率评价研究 [D]. 大连：大连理工大学.

[66] 黄万华，卢盈，2018. 资源环境约束下煤炭产业生态效率测评及其影响因素分析 [J]. 资源与环境，34 (1)：28 - 34.

[67] 杨力等，2011. 基于集成超效率 DEA 模型的煤炭企业生产效率分析 [J]. 中国软科学 (3)：169 - 176.

[68] 范玉仙，袁晓玲，2015. 中国电力行业环境技术效率及影响因素研究——基于 1995—2012 年省级面板数据 [J]. 北京理工大学学报 (社会科学版)，17 (4)：57 - 66.

[69] 王婷婷，朱建平，2015. 环境约束下电力行业能源效率研究 [J]. 中国人口·资源与环境，25 (3)：120 - 127.

[70] 王艳红，叶文明，2015. 计及碳排放的电力工业与火电行业生态效率实证分析 (2001—2011) [J]. 科技管理研究 (3)：215 - 219.

［71］宋晓华，2018. DEA 协同 HLM 模型的风电上市公司投资效率研究［J］. 工业技术经济（2）：22-31.

［72］李金亚，2014. 中国草原肉羊产业可持续发展政策研究［D］. 北京：中国农业大学.

［73］李红，赵明亮，2009. 基于产业链视角的新疆羊产业发展模式实证分析［J］. 新疆大学学报（哲学人文社会科学版）（6）：16-20.

［74］夏小平，2011. 中国肉羊产业发展动力机制研究［D］. 北京：中国农业大学.

［75］高维敏，2014. 肉羊产业链调研与分析——以西贝餐饮集团全产业链为例［D］. 北京：中国农业大学.

［76］时悦，2011. 中国肉羊产业集聚形成机制与效应研究［D］. 北京：中国农业大学.

［77］薛建良，2012. 中国草原肉羊生产可持续发展研究［D］. 北京：中国农业大学.

［78］余红，2013. 基于可持续发展的新疆肉羊产业相关利益主体行为研究［D］. 北京：中国农业大学.

［79］叶云，2015. 基于市场导向的肉羊产业链优化研究［D］. 北京：中国农业大学.

［80］董谦，2015. 中国羊肉品牌化及其效应研究［D］. 北京：中国农业大学.

［81］曹帅等，2016. 小微农业企业可持续发展路在何方——基于全国 665 份小微农业企业调研问卷［J］管理现代化（3）：37-39.

［82］张川，2017. 基于循环经济的我国钢铁企业能源效率研究［D］. 北京：北京科技大学.

［83］傅毓维，尹航，杨贵彬，2006. 基于混合 DEA 模型的医药行业上市公司经营效率相对有效性评价［J］. 中国管理科学（5）：91-97.

［84］郑培，黎建强，2010. 基于 BP 神经网络的供应链绩效评价方法［J］. 远程与管理（2）：26-32.

［85］王伟东，2008. 基于模糊综合评判的某高校后勤集团绩效考核研究［D］. 长春：吉林大学.

［86］文小玲，2006. 基于模糊综合评价法的企业绩效评价［J］. 武汉理工大学学报（8）：146-149.

［87］王茜，2008. 农业产业化龙头上市企业经营效率的实证研究［J］. 经济与管理（10）：48-51.

［88］赵晏，2009. 基于 DEA 方法的农业上市公司技术效率研究［D］. 杨凌：西北农林科技大学.

［89］管延德，2011. 中国农业上市公司前沿效率评价及影响因素研究［D］. 沈阳：沈阳农业大学.

[90] 姜会明，王振华，2012. 农产品加工企业效率——基于吉林省 123 个企业的实证分析 [J]. 农业经济（9）：25 - 27.

[91] 季凯文，孔凡斌，2014. 中国生物农业上市公司技术效率测度及提升路径——基于三阶段 DEA 模型的分析 [J]. 中国农村经济（8）：42 - 57.

[92] 张庆庆，2014. 湖北省食用菌加工企业技术效率及其影响因素研究——以随州市为例 [D]. 武汉：华中农业大学.

[93] 姚晓芳，胡思文，2014. 安徽高端装备制造上市企业经营效率研究——基于 DEA 模型 [J]. 华东经济管理（5）：18 - 21.

[94] 袁斌等，2015. 不同等级农业龙头企业生产效率差异研究——基于南京市农业龙头企业的实证分析 [J]. 农业经济问题（11）：80 - 87.

[95] 芦奇，2016. 产能出清重点企业决策模型研究——基于 DEA 的煤炭供给侧改革 [J]. 企业经济（7）：125 - 129.

[96] 谭昭辉，2015. 江西省农产品区域品牌整合绩效研究——以江西省茶叶品牌为例 [D]. 南昌：江西农业大学.

[97] 王铁，2014. 基于 DEA 的甘肃农业产业化国家重点龙头企业绩效评价 [J]. 中国农学通报（34）：315 - 320.

[98] 杜春丽，2011. 基于 DEA 的我国钢铁企业节能减排潜力研究 [J]. 工业技术经济（7）：101 - 107.

[99] 张南，2013. 公司治理对农业上市公司会计信息质量的影响 [D]. 呼和浩特：内蒙古农业大学.

[100] 王同庆，杨蕙薪，2012. 基于 DEA 方法的山东规模以上工业企业全要素生产率分析 [J]. 山东社会科学（2）：158 - 162.

[101] 张园园等，2012. 基于 DEA 模型的不同饲养规模生猪生产效率分析：山东省与全国的比较 [J]. 中国管理科学（2）：720 - 725.

[102] 肖红安，张啸言，2011. 基于 DEA 模型的花木企业经营绩效评价——对四川省温江区 200 家花木企业的调查 [J]. 农业经济（8）：41 - 44.

[103] 马艳艳，2015. 基于 DEA 模型的宁夏乳制品加工企业经营效率评价 [J]. 农业科学研究（4）：70 - 73.

[104] 雷珍，姜启军，2015. 基于 DEA 模型的食品加工制造企业社会责任效率研究 [J]. 上海管理科学（5）：89 - 93.

[105] 杨力等，2011. 基于集成超效率 DEA 模型的煤炭企业生产效率分析 [J]. 中国软科学（3）：169 - 176.

[106] 张明林，杨辉玲，2014. 绿色食品农业龙头企业全要素生产效率分析——基于江西 26 家样本企业数据 [J]. 农林经济管理学报 (6)：604 - 610.

[107] 王丽明，王玉斌，2015. 我国农业龙头企业效率测度及其影响因素分析——基于国家级粮食类龙头企业 [J]. 管理现代化 (6)：100 - 102.

[108] 张国志，卢凤君，2015. 中国上市种子企业经营效率测度与影响因素研究——基于 DEA-GRA-Tobit 模型的分析 [J]. 管理现代化 (6)：35 - 38.

[109] 宋晓华等，2018. DEA 协同 HLM 模型的风电上市公司投资效率研究 [J]. 工业技术经济 (2)：22 - 31.

[110] 郑晓晓等，2017. 基于 DEA 模型的北京市建筑业生产效率评价 [J]. 北京交通大学学报 (社会科学版) (2)：76 - 84.

[111] 蔡晓春，刘晶，2017. 制药企业环境绩效的统计测度与影响因素分析 [J]. 工业技术经济 (11)：3 - 11.

[112] 田泽，程飞，2017. 我国东部沿海地区装备制造业生产效率研究——基于三阶段 DEA 模型 [J]. 工业技术经济 (5)：13 - 20.

[113] 杨亦民，王梓龙，2017. 湖南工业生态效率评价及影响因素实证分析——基于 DEA 方法 [J]. 经济地理 (10)：151 - 156.

[114] 赵爽，刘红，2016. 基于三阶段 DEA 模型的我国工业企业生态效率研究 [J]. 生态经济 (11)：88 - 91.

[115] 郭晓玲，李凯，2017. 煤炭企业低碳经济效率及其影响因素研究 [J]. 生态经济 (10)：69 - 75.

[116] 陈琦等，2015. 我国钢铁企业低碳经济效率及其影响因素研究 [J]. 系统工程理论与实践 (7)：1896 - 1904.

[117] 杨雪，何玉成，2017. 我国上市农产品加工企业经营效率及影响因素分析 [J]. 中国农业大学学报 (社会科学版) (11)：189 - 198.

[118] 孔海宁，2016. 中国钢铁企业生态效率研究 [J]. 经济与管理研究 (9)：88 - 95.

[119] 卞亦文，2006. 基于 DEA 理论的环境效率评价方法研究 [D]. 合肥：中国科学技术大学.

[120] Seiford L M，Zhu J，2002. Modeling undesirable factors in efficiency evaluation [J]. European Journal of Operational Research，142 (1)：16 - 20.

[121] 李仁安，夏林，2001. 基于灰色关联分析的企业经济效益评价 [J]. 运筹与管理 (1)：139 - 141.

[122] 韩晶，2008. 中国钢铁业上市公司的生产力和生产效率——基于 DEA-TOBIT 两

步法的实证研究 [J]. 北京师范大学学报（社会科学版）(1)：119-126.

[123] 范莉莉等，2011. 企业核心竞争力的灰色关联度评价方法 [J]. 管理学报（12）：1859-1865.

[124] 许祥鹏，高阳，2015. 基于 DEA-AHP/GRA 的效率评价研究——以长株潭物流企业为例 [J]. 科技管理研究（17）：66-70.

[125] 黄金枝等，2017. 环境约束下中国工业企业创新效率评价及影响因素研究 [J]. 工业技术经济（6）：55-62.

[126] 范德成，杜明月，2018. 高端装备制造业技术创新资源配置效率及影响因素研究——基于两阶段 StoNED 和 Tobit 模型的实证分析 [J]. 中国管理科学（1）：18-24.

[127] 王丽明，2017. 产业集群视角下农业龙头企业技术效率研究 [D]. 北京：中国农业大学.

[128] 彭国华，2005. 中国地区收入差距、全要素生产率及其收敛分析 [J]. 经济研究（9）：19-29.

[129] 李健等，2015. 中国地区工业生产率增长差异及收敛性研究——基于三投入 DEA 实证分析 [J]. 产业经济研究（5）：21-30.

[130] 杨波，赵传峰，2010. 屠宰业环境影响及清洁生产技术探析 [J] 广东农业科学（11）：235-238.

[131] Chambers R C, Chung Y, Färe R, 1998. Profit, directional distance functions, and Nerlovian efficiency [J]. Journal of Optimization Theory and Applications, 98 (2)：351-364.

[132] Färe R, Grosskopt S, Noh D, et al., 2005. Characteristics of a polluting technology：theory and practice [J]. Journal of Econometrics (126)：469-492.

[133] 鲍莫尔，奥茨，2003. 环境经济理论与政策设计 [M]. 北京：经济科学出版社.

[134] Porter M, van der Linde C, 1995. Toward a new conception of the environment-competitiveness relationship [J]. Journal of Economic Perspective, 9 (4)：97-118.

[135] Färe R, Grosskopt S, Weber W L, 2001. Shadow prices of Missouri public conservation land [J]. Public Finance Review, 29 (6)：444-460.

[136] Färe R, Grosskopt S, Knox Lovell C A, et al., 1993. Derivation of shadow prices for undesirable outputs [J]. Review of Economics and Statistics, 75 (2)：374-380.

[137] Fukuyama H, Weber W L, 2009. A directional slacks-based measure of technical

inefficiency [J]. Socio-Economic Planning Sciences, 43 (4): 274 - 287.

[138] 涂正革, 2009. 工业二氧化硫排放的影子价格: 一个新的分析框架 [J]. 经济学 (4): 259 - 282.

[139] 袁鹏, 程施, 2011. 中国工业污染物的影子价格估计 [J]. 统计研究 (9): 66 - 73.

[140] 茹蕾, 2016. 能源与环境视角下中国制糖业经济效率研究 [D]. 北京: 中国农业大学.

[141] 岳书敬, 刘富华, 2009. 环境约束下的经济增长效率及其影响因素 [J]. 数量经济技术经济研究 (5): 94 - 106.

[142] 王海建, 2000. 资源约束、环境污染与内生经济增长 [J]. 复旦学报 (社会科学版) (1): 76 - 80.

[143] 朱承亮等, 2011. 环境约束下的中国经济增长效率研究 [J]. 数量经济技术经济研究 (5): 3 - 20.

[144] 朱晓蒙, 2019. 环境污染治理中的经济约束与应对策略研究 [J]. 环境科学与管理 (1): 46 - 50.

[145] Hansen B E, 1999. Threshold effects in non-dynamic panels: Estimation, testing, and inference [J]. Journal of econometrics, 93 (2): 345 - 368.

[146] Mulatu A, Florax R J G M, Withagen C A A M, 2001. Environmental regulation and competitiveness [D]. Tinbergen Institute Discussion Paper.

[147] Murty M N, Kumar S, Paul M, 2006. Environmental regulation, productive efficiency and cost of pollution abatement: a case study of the sugar industry in India [J]. Journal of Environmental Management (79): 1 - 9.

[148] Coggins J S, Swinton J R, 1996. The price of pollution: A dual approach to valuing SO_2 allowance [J]. Journal of Environmental Economics and Management, 30 (1): 58 - 72.

[149] Aigner D J, Chu S F, 1968. On estimating the industry production function [J]. The American Economic Review: 826 - 839.

[150] Pittman R W, 1983. Multilateral productivity comparisons with undesirable outputs [J]. The Economic Journal: 883 - 891.

[151] Chung Y H, Färe R, Grosskopf S, 1997. Productivity and undesirable outputs: a directional distance function approach [J]. Journal of Environmental Management, 51 (3): 229 - 240.

附录 A：肉羊屠宰加工企业环境管理评价指标比较排序打分表

	环保部门	规章制度	应急预案	应急演练	原料采购	原料储存	废物存放
环保部门	1						
规章制度	—	1					
应急预案	—	—	1				
应急演练	—	—	—	1			
原料采购	—	—	—	—	1		
原料储存	—	—	—	—	—	1	
废物存放	—	—	—	—	—	—	1

指标解释：

1. 环保部门是指企业是否设有专门的环保部门。

2. 规章制度是指企业规章制度中是否有关于环境方面的规定。

3. 应急预案是指企业是否制定环境突发事件应急预案。

4. 应急演练是指企业是否组织环境突发事件应急演练。

5. 原料采购是指企业在采购原料时是否考虑环境标准。

6. 原料储存是指企业在原料储存过程中是否设置了减少废物产生的措施。

7. 废物存放是指企业在废物存放过程中是否进行了分类和隔离。

附录 B：肉羊屠宰加工企业环境管理调研问卷

<u>企业基本信息</u>

企业名称：

企业地址：

企业网址或简介：

员工总人数：

从事一线生产的员工人数：

员工平均工资：

主要产品	年产量	产品生产周期（从原材料进厂到产品出厂的时间长度）	产品物流周期（从产品出厂到客户手中的时间长度）

联系人：　　　　　　　　　联系电话：　　　　　　　电子邮箱：

第一部分：环境管理

1. 贵公司是否发布了与环境相关的报告或是可持续性报告？

a. 是，已经发布过　　　　　　b. 否，但已开始着手准备

c. 否，有此打算　　　　　　　d. 否

2. 贵公司是否有专门部门负责环境问题？

a. 有　　　　　　　　　　　　b. 没有，但已开始着手成立

c. 没有，但有此打算　　　　　d. 没有

3. 贵公司是否明确知道适用于公司环境方面的法律政策？

a. 很明确　　　b. 知道一部分　　　c. 不知道

4. 贵公司的规章制度中，是否有针对环境影响方面的规定等？

a. 有　　　　　　　　　　　　b. 没有，但已开始着手制定

c. 没有，但有此打算　　　　　d. 没有

5. 贵公司是否做过环境状况评估？

a. 否　　　　　　　　　　　　b. 否，但打算做

c. 是_____（多久一次）

6. 公司采用过哪种管理标准？

a. ISO14001　b. OHSAS18001　c. 两种都有　　　d. 都没有

7. 贵公司是否在环境方面对员工进行培训（例如如何使用设备能够节水节能）？

a. 没有　　　　　　　　　　　　b. 有针对新员工的

c. 定期_____（多久）

8. 贵公司在生产过程中，考虑过环境因素吗（按重视程度排序，未考虑或不涉及的方面不用理会）？

a. 用水　　　　b. 耗能　　　　c. 水污染　　　　d. 大气污染

e. 废弃物

_____（排序题的形式）

9. 贵公司是否检查和控制水的消耗？

a. 否　　　　　b. 我们通过检查某些环节来进行部分控制

c. 是，我们定期控制_____（多久一次）

10. 贵公司是否检查和控制其他能源（电、气等）的消耗？

a. 否　　　　　b. 我们通过检查某些环节来进行部分控制

c. 是，我们定期控制_____（多久一次）

11. 贵公司生产过程中产生的噪声是否达标？

a. 不产生噪声　　　　　　b. 已符合国家标准，无须处理

c. 已按照环保要求处理

12. 公司在环境方面是否设定了应急监测方案？

a. 是　　　　　b. 否

13. 公司进行过环境方面的应急演练吗？

a. 否　　　　　b. 偶尔　　　　c. 定期演练_____（多久一次）

14. 参与演练的人数占全体员工的比例是多少？

a. 25%以下　b. 25%～50%　　c. 50%～75%　d. 75%以上

15. 公司购买生产设备时，是否考虑设备的能源效率？

a. 从不考虑　b. 很少考虑　　c. 偶尔考虑　　d. 经常考虑

e. 必须考虑

16. 公司生产用的原料主要通过什么方式获取？

a. 随机农户　b. 契约农户　　　c. 随机代理商　d. 契约代理商

e. 自营自有基地

17. 对原料供应商提出过环保方面的要求吗？

a. 从不要求　b. 很少要求　　　c. 偶尔要求　　d. 经常要求

e. 必须要求

18. 在选择原材料时，考虑过生态标准（可生物降解，可回收等）吗？

a. 从不考虑　b. 很少考虑　　　c. 偶尔考虑　　d. 经常考虑

e. 必须考虑

19. 在原材料的采购和储存过程中设置了减少废物产生量的措施吗？

a. 从不设置　b. 很少设置　　　c. 偶尔设置　　d. 经常设置

e. 必须设置

20. 贵公司认为在实现可持续发展的过程中有哪些障碍？

a. 不清楚每个领域的市场规模有多大

b. 现有市场规模太小，没有提升利润的空间

c. 消费者或用户对此业务不感兴趣

d. 政府等机构对此项业务开发和销售给予支持太少

e. 获取相关信息困难

f. 用户对于相关的可持续认证的可信度抱有怀疑态度

g. 其他_____

第二部分：用水方面

21. 公司每月生产用水量为多少（若生产与生活用水未分开，请估计一个值）？

_____ 吨

22. 贵公司哪个环节的用水量最大（可多选）？

（肉类企业请从以下选项中勾选）

a. 宰前淋浴　b. 宰杀解剖　　　c. 清洗　　　　d. 杀菌消毒

e. 包装　　　f. 冷却　　　　　g. 解冻　　　　h. 冷藏

i. 其他_____

（非肉类企业请填写）_____

23. 贵公司在节水方面采取了哪些措施（可多选)？

a. 有监控和评估水消耗的系统　　b. 改进生产计划或操作流程

c. 合理进行清洗工作　　　　　　d. 使用节水设备

e. 回收废水再利用　　　　　　　f. 其他_____

g. 未采取任何措施

24. 贵公司采用了哪些技术来节水（可多选)？

a. 避免使用氯化制冷剂　　　　　b. 制定能减少设备清洗的生产计划

c. 水浴炉——用水代替盐水　　　d. 使用淋浴烤箱

e. 使用蒸汽箱　　　　　　　　　f. 在清洗淋浴上安装探测器控制的电阀门

g. 安装自动断水的清洁系统　　　h. 使用先进的表面清洗系统

i. 闭合制冷循环　　　　　　　　j. 回收利用冷却水、冷凝水等

k. 其他_____　　　　　　　　l. 未采用任何技术

25. 采用了节水措施或技术后，贵公司用水量是否有所减少？

a. 否，增长了_____％　　　　　b. 否，基本持平

c. 是，减少了_____％

第三部分：能耗方面

26. 贵公司每月的耗电量及其他原料的消耗量为多少？

a. 电_____　　　　　　　　　b. 煤气_____

c. 石油_____　　　　　　　　d. 煤炭_____

e. 其他_____

27. 贵公司是否使用了什么可再生能源？

a. 没有　　　b. 有_____

28. 贵公司哪个环节的能源消耗量最大（可多选)？

（肉类企业请从以下选项中勾选）

a. 宰前淋浴　b. 宰杀解剖　　c. 清洗　　　　d. 杀菌消毒

e. 包装　　　f. 冷却　　　　g. 解冻　　　　h. 冷藏

i. 其他_____

（非肉类企业请填写）_____

29. 贵公司在节能方面采取了哪些措施（可多选)？

a. 使用节能型装置　　　　　　　b. 使用先进的设备

c. 控制用电量   d. 避免高峰用电，使用低谷电

e. 其他_____   f. 未采取任何措施

30. 贵公司采用了哪些技术来节能（可多选）？

a. 最优化空调和冷藏的温度调控   b. 定期给整个系统除霜

c. 降低冷凝温度   d. 安装制冷系统，尽可能减少冷泄露

e. 回收冷却车间的热量   f. 安装板式热交换器

g. 优化通风设备   h. 在小型发动机上安装启动装置

i. 改变锅炉使用的燃料类型   j. 回收污水中可以做发电燃料的副产品

k. 其他_____   l. 未采用任何技术

31. 采用了节能措施或技术后，贵公司的能耗是否有所减少？

a. 否，增长了_____％   b. 否，基本持平

c. 是，减少了_____％

第四部分：废水处理

32. 贵公司哪个环节的废水产生量最大（可多选）？

（肉类企业请从以下选项中勾选）

a. 宰前淋浴   b. 宰杀解剖   c. 清洗   d. 杀菌消毒

e. 包装   f. 冷却   g. 解冻   h. 冷藏

i. 其他_____

（非肉类企业请填写）_____

33. 贵公司是否检控废水的物理、化学和生物特性？

a. 否，不检测   b. 是，送检_____（多久一次）

c. 是，自行检测_____（多久一次）

34. 贵公司排放的废水中，主要成分有哪些（可多选）？

a. 可溶性有机物   b. 悬浮物

c. 酸碱   d. 油脂

e. 氮   f. 磷

g. 有害物质   h. 致病菌以及大肠菌群和杂菌等

i. 其他_____

35. 公司是否建有废水回收循环系统？

a. 有   b. 在建   c. 没有但想建   d. 没有且不想建

36. 贵公司采用了何种污水处理工艺？

a. 不处理　　　　　　　　b. 物化法

c. 活性污泥法　　　　　　d. 序批式活性污泥工艺（SBR）

e. 接触氧化池　　　　　　f. 厌氧消化池

g. 厌氧序批式活性污泥系统（ASBR）

h. 上流式厌氧污泥床（UASB）i. 内循环厌氧反应器（IC）

j. 膜生物反应器　　　　　k. 其他_____

37. 贵公司每年投入废水处理的费用有多少？_____元

第五部分：气体排放

38. 贵公司是否检测空气污染物排放量和空气质量？

a. 是　　　　　b. 否　　　　　c. 无空气污染物

39. 贵公司排放的主要空气污染物是什么（可多选）？

a. NH_3　　　b. H_2S　　　c. PM_{10}　　　d. 恶臭

e. 其他_____

40. 贵公司使用了哪些策略或方法来减少废气排放（可多选）？

a. 没有相应措施　　　　　b. 过程中控制气体的产生

c. 合理选择和使用空气减排设备　d. 局部的排气通风

e. 利用管道将排出的气体送至处理设备

f. 动态分离技术　　　　　g. 使用静电除尘器

h. 使用过滤器　　　　　　i. 使用吸附器吸收

j. 使用活性炭吸收　　　　k. 生物净化处理法

l. 高温处理　　　　　　　m. 低温等离子体处理

n. 物理扩散　　　　　　　o. 其他_____

41. 贵公司的加工厂等离敏感区（包括居民区、学校和医院）的距离是多少米？

a. 本公司非生产型企业　　b. 200 米以内

c. 200～300 米　　　　　d. 300～400 米

e. 400～500 米　　　　　f. 500～600 米

g. 600～700 米　　　　　h. 700 米以外

第六部分：废弃物处理

42. 公司对生产产生的废物进行分类和隔离吗？

a. 是，严格按照现行法规　　　b. 简单执行　　　c. 否

43. 贵公司主要通过哪些措施减少废弃物的产生（可多选）？

a. 无措施　　b. 工艺优化　　c. 采用新的技术　d. 设备的更新

e. 管理措施标准化　　　　　f. 人员的培训　　g. 其他_____

44. 贵公司主要通过哪些措施来进行废弃物处理？

a. 不处理　　　　　　　　b. 回收，简单再利用

c. 回收，综合利用　　　　d. 其他_____

45. 贵公司每年投入的废弃物治理成本占总成本的比例是多少？

a. 5%以下　　b. 5%～10%　　c. 10%～15%　d. 15%以上

46. 贵公司主要回收哪些物质（可多选）？

a. 不回收　　b. 动物血　　c. 畜禽骨　　d. 油脂

e. 碎肉末　　f. 皮毛　　g. 污泥　　　h. 其他_____

47. 贵公司对污泥采用何种处理方法？

a. 直接作为农用施肥

b. 脱水发酵加工为堆肥

c. 发酵生产沼气或作为土地填充料

d. 高温灭菌再发酵，加工为饲料

e. 其他_____

48. 废弃物的回收处理对贵公司的效益有何影响？

a. 增加的成本大于增加的收益

b. 增加的成本和收益平衡

c. 增加的收益大于增加的成本

第七部分：其他

49. 贵公司的主营产品在主要销售区域的市场占有率是多少？

a. 20%以下　b. 20%～40%　　c. 40%～60%　d. 60%～80%

e. 80%以上

50. 贵公司的合同履约率是多少？

a. 20%以下　b. 20%～40%　　c. 40%～60%　d. 60%～80%

e. 80％以上

51. 贵公司员工的平均年龄是多少?

a. 25 岁以下　b. 25～30 岁　　　c. 30～35 岁　　d. 35～40 岁

e. 40 岁以上

52. 贵公司的研发人员占全体员工的比例是多少?

a. 1％以下　　b. 1％～2％　　　c. 2％～3％　　d. 3％～4％

e. 4％以上

53. 贵公司的客服人员占员工总数的比例是多少?

a. 1％以下　　b. 1％～2％　　　c. 2％～3％　　d. 3％～4％

e. 4％以上

54. 贵公司可进行追溯的产品占总产品的比例是多少?

a. 0　　　　　b. 30％以下　　　c. 30％～60％　d. 60％～90％

e. 90％以上

55. 贵公司产品可以通过哪种方式进行追溯?

a. 网络　　　b. 电话　　　　　c. 销售商　　　d. 标签

e. 其他_____

附录 C：肉羊屠宰加工企业生产效率优化调研

一、企业基本情况

企业名称：　　　　　　　　　企业性质（国有/外资/个体/合资/集体）

成立年份：＿＿＿＿＿　员工数量：＿＿＿＿＿　企业地址：＿＿＿＿＿＿

联 系 人：＿＿＿＿＿　电　话：＿＿＿＿＿　邮　箱：＿＿＿＿＿＿

二、企业用工情况（生产工人）

1. 平均年龄＿＿＿＿＿　2. 平均受教育程度＿＿＿＿＿　3. 工作时间是否根据生产情况制定＿＿＿＿＿

4. 人均工资＿＿＿＿＿　是否根据订单雇用临时工＿＿＿＿＿

三、生产经营情况

1. 年屠宰能力＿＿＿＿＿　2. 生产线运行速度＿＿＿＿＿　3. 原料羊平均重量＿＿＿＿＿

4. 有无与有关供应商签订长期供货合同＿＿＿＿＿

表 1　公司近三年产品生产情况及屠宰量

名称	近 3 年产量（吨）			近 3 年产值（万元）			近三年屠宰量（只）	
	2014	2015	2016	2014	2015	2016	年份	屠宰量
羊肉							2014	
							2015	
							2016	

表 2　公司近三年成本变化情况

成本 年份	原料羊	工资	电费	水费	设备（含折旧）	技术
2014						
2015						
2016						

表3　工艺或设备采用前后每只羊能源消耗指标及废弃物对比

工艺或设备	项目	采用前	采用后
1.	水耗（千克）		
	电耗（千瓦·时）		
	其他		
	固体废弃物（千克）		
2.	水耗（千克）		
	电耗（千瓦·时）		
	其他		
	固体废弃物（千克）		

四、屠宰流程中的能源资源投入及产生（不投入产生项可不填）某批次投入活羊（　　）只（　　）吨

投入	水	吨	投入	水	吨
	电	度		电	度
	人工	人·时		人工	人·时
	场地	平方米		场地	平方米

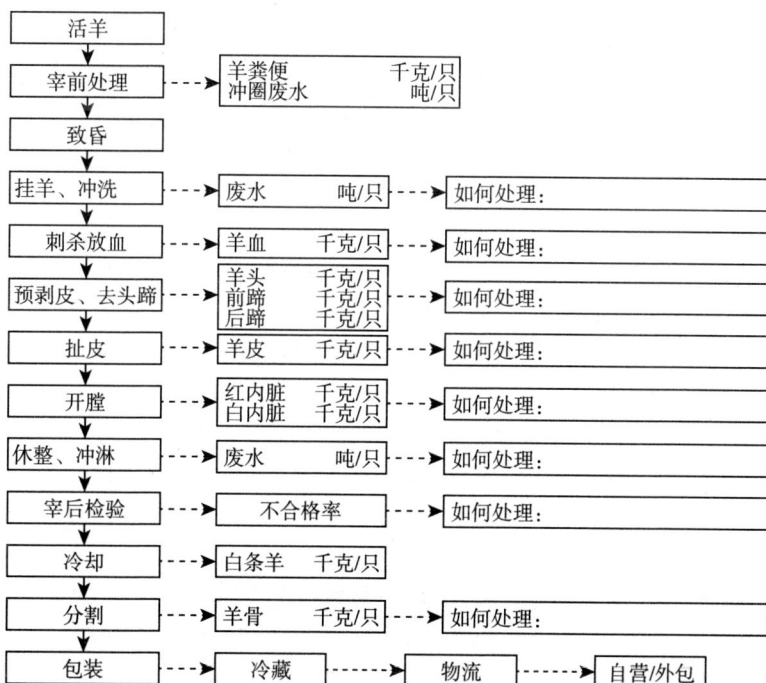

附录 D：第 4 章计算过程

表 1　节能背景下肉羊屠宰加工企业经济效率灰色关联变量

企业	资源与能源效率	核心员工平均受教育年限（年）	开工率（％）	研发人员比例（％）	员工平均年龄（岁）	员工数量（个）	成立时长（年）
A1	0.574	17	60	3.819 444	36	288	5
A2	0.558	17	62	2.966 102	30	236	18
A3	0.120	16	40.666 67	3.794 038	39	369	8
A4	1.000	18	48.666 67	3.870 968	28	310	5
A5	0.215	18	81.25	2.150 538	26	279	5
A6	1.000	13	33.333 33	1.612 903	42	124	18
A7	1.000	11	25	1.960 784	44	51	8
A8	1.000	15	26.666 67	0	35	33	5
A9	1.000	18	35.714 29	24.927 54	36	345	5
A10	0.418	12	6.666 667	0	39	13	18
A11	0.343	10	12.5	0	40	9	8
A12	0.387	11	20	0	41	33	5
A13	0.584	14	55	2.491 103	33	281	5
A14	0.280	13	23.333 33	1.6	32	125	18
A15	0.576	16	20.833 33	1.851 852	29	324	8
A16	0.586	17	69	4.424 779	30	339	5
A17	0.626	14	66.666 67	1.666 667	34	180	5
A18	0.528	13	56.666 67	1.369 863	37	146	18
A19	0.555	14	46	2.583 026	32	271	8
A20	0.621	15	44	1.351 351	31	148	5
A21	0.490	14	40	2.424 242	34	165	5
A22	0.596	15	65	9	30	100	7
A23	0.523	16	50	4.651 163	31	172	13
A24	0.521	13	76.666 67	2.083 333	38	96	8
A25	0.268	11	30	2	43	50	12
A26	1.000	14	46.666 67	2.898 551	40	69	8
A27	0.406	13	43.333 33	3.389 831	41	59	12
A28	0.425	15	93.333 33	3.980 1	31	201	12
A29	0.955	15	60	3.076 923	36	65	14

（续）

企业	资源与能源效率	核心员工平均受教育年限（年）	开工率（％）	研发人员比例（％）	员工平均年龄（岁）	员工数量（个）	成立时长（年）
A30	0.628	16	50	1.960 784	36	51	14
A31	0.420	15	93.333 33	4.8	32	125	18
A32	0.627	16	58.333 33	4.575 163	36	153	12
A33	0.293	14	50	4.347 826	45	23	4
A34	0.527	15	72.5	3.529 412	41	85	4
A35	0.451	13	26.666 67	2.222 222	44	45	7
A36	0.604	14	50	2.631 579	47	38	10
A37	0.027	16	40	0	28	58	4
A38	0.570	14	50	20	40	50	8
A39	0.425	12	55	2.380 952	40	42	21
A40	1.000	16	57.142 86	4	34	175	19
A41	0.754	14	73.333 33	4	31	200	4
A42	0.427	14	75	4.074 074	29	270	6
A43	0.473	14	33.333 33	3.333 333	40	90	12
A44	0.587	15	56	4.385 965	36	114	8
A45	0.433	15	62.5	4.022 989	36	174	4
A46	0.409	15	50	4.375	34	160	13
A47	0.748	16	43	4.291 845	32	233	4
A48	0.694	16	35	16.428 57	31	140	4
A49	0.537	13	57.142 86	4.166 667	44	72	17
A50	0.466	12	50	5	51	20	5
A51	0.501	13	50	4	48	25	19
A52	0.409	14	53.333 33	6.382 979	31	47	4
A53	0.951	16	36	3.208 556	33	187	5
A54	0.777	15	22	1.714 286	29	175	4
A55	0.251	15	51.111 11	4.878 049	35	123	9
A56	0.432	13	42.857 14	3.529 412	32	85	13
A57	0.281	16	64	5	31	140	12
A58	0.838	10	50	0	46	5	8
A59	0.154	12	52	2.173 913	30	46	14
A60	0.255	14	51.428 57	3.846 154	42	78	3
A61	0.518	16	42	5.853 659	33	205	10

表 2　节能背景下肉羊屠宰加工企业经济效率均值化处理结果

企业	资源与能源效率	核心员工平均受教育年限（年）	开工率（%）	研发人员比例（%）	员工平均年龄（岁）	员工数量（个）	成立时长（年）
A1	0.023	0.182	0.223	0.033	0.000	1.113	0.465
A2	0.007	0.182	0.264	0.249	0.166	0.731	0.926
A3	0.431	0.113	0.171	0.040	0.084	1.707	0.144
A4	0.449	0.252	0.008	0.020	0.222	1.274	0.465
A5	0.336	0.252	0.657	0.456	0.277	1.047	0.465
A6	0.449	0.096	0.320	0.592	0.167	0.090	0.926
A7	0.449	0.235	0.490	0.504	0.223	0.626	0.144
A8	0.449	0.043	0.456	1.000	0.027	0.758	0.465
A9	0.449	0.252	0.272	5.308	0.000	1.531	0.465
A10	0.133	0.165	0.864	1.000	0.084	0.905	0.926
A11	0.208	0.304	0.745	1.000	0.112	0.934	0.144
A12	0.164	0.235	0.592	1.000	0.139	0.758	0.465
A13	0.033	0.026	0.121	0.370	0.083	1.061	0.465
A14	0.271	0.096	0.524	0.595	0.111	0.083	0.926
A15	0.025	0.113	0.575	0.531	0.194	1.377	0.144
A16	0.035	0.182	0.407	0.120	0.166	1.487	0.465
A17	0.075	0.026	0.359	0.578	0.055	0.321	0.465
A18	0.023	0.096	0.155	0.653	0.028	0.071	0.926
A19	0.004	0.026	0.062	0.346	0.111	0.988	0.144
A20	0.070	0.043	0.103	0.658	0.138	0.086	0.465
A21	0.061	0.026	0.184	0.387	0.055	0.210	0.465
A22	0.045	0.043	0.325	1.277	0.166	0.266	0.251
A23	0.028	0.113	0.019	0.177	0.138	0.262	0.391
A24	0.030	0.096	0.563	0.473	0.056	0.296	0.144
A25	0.283	0.235	0.388	0.494	0.195	0.633	0.284
A26	0.449	0.026	0.049	0.267	0.112	0.494	0.144
A27	0.145	0.096	0.117	0.142	0.139	0.567	0.284
A28	0.126	0.043	0.903	0.007	0.138	0.475	0.284
A29	0.404	0.043	0.223	0.221	0.000	0.523	0.498
A30	0.077	0.113	0.019	0.504	0.000	0.626	0.498

（续）

企业	资源与能源效率	核心员工平均受教育年限（年）	开工率（%）	研发人员比例（%）	员工平均年龄（岁）	员工数量（个）	成立时长（年）
A31	0.131	0.043	0.903	0.215	0.111	0.083	0.926
A32	0.076	0.113	0.189	0.158	0.000	0.122	0.284
A33	0.258	0.026	0.019	0.100	0.251	0.831	0.572
A34	0.024	0.043	0.478	0.107	0.139	0.376	0.572
A35	0.100	0.096	0.456	0.438	0.223	0.670	0.251
A36	0.053	0.026	0.019	0.334	0.306	0.721	0.070
A37	0.524	0.113	0.184	1.000	0.222	0.575	0.572
A38	0.019	0.026	0.019	4.061	0.112	0.633	0.144
A39	0.126	0.165	0.121	0.397	0.112	0.692	1.247
A40	0.449	0.113	0.165	0.012	0.055	0.284	1.033
A41	0.203	0.026	0.495	0.012	0.138	0.467	0.572
A42	0.124	0.026	0.529	0.031	0.194	0.981	0.358
A43	0.078	0.026	0.320	0.156	0.112	0.340	0.284
A44	0.036	0.043	0.142	0.110	0.000	0.164	0.144
A45	0.118	0.043	0.274	0.018	0.000	0.276	0.572
A46	0.142	0.043	0.019	0.107	0.055	0.174	0.391
A47	0.197	0.113	0.123	0.086	0.111	0.709	0.572
A48	0.143	0.113	0.286	3.157	0.138	0.027	0.572
A49	0.014	0.096	0.165	0.054	0.223	0.472	0.819
A50	0.085	0.165	0.019	0.265	0.417	0.853	0.465
A51	0.050	0.096	0.019	0.012	0.334	0.817	1.033
A52	0.142	0.026	0.087	0.615	0.138	0.655	0.572
A53	0.400	0.113	0.266	0.188	0.083	0.372	0.465
A54	0.226	0.043	0.551	0.566	0.194	0.284	0.572
A55	0.300	0.043	0.042	0.234	0.027	0.098	0.037
A56	0.119	0.096	0.126	0.107	0.111	0.376	0.391
A57	0.270	0.113	0.305	0.265	0.138	0.027	0.284
A58	0.287	0.304	0.019	1.000	0.278	0.963	0.144
A59	0.397	0.165	0.060	0.450	0.166	0.663	0.498
A60	0.296	0.026	0.049	0.027	0.167	0.428	0.679
A61	0.033	0.113	0.144	0.481	0.083	0.504	0.070

表3 节能背景下肉羊屠宰加工企业经济效率极值选取

企业	核心员工平均受教育年限（年）	开工率（%）	研发人员比例（%）	员工平均年龄（岁）	员工数量（个）	成立时长（年）
A1	0.160	0.041	0.190	0.033	1.112	0.648
A2	0.176	0.082	0.015	0.083	0.565	0.195
A3	0.318	0.058	0.131	0.044	1.623	1.563
A4	0.197	0.244	0.013	0.201	1.052	0.809
A5	0.084	0.405	0.201	0.178	0.769	0.582
A6	0.353	0.225	0.271	0.425	0.077	0.836
A7	0.214	0.255	0.014	0.281	0.403	0.482
A8	0.405	0.413	0.544	0.973	0.731	0.293
A9	0.197	0.020	5.036	5.307	1.531	1.066
A10	0.032	0.699	0.136	0.916	0.821	0.022
A11	0.096	0.441	0.255	0.888	0.822	0.790
A12	0.071	0.357	0.408	0.861	0.618	0.293
A13	0.007	0.095	0.248	0.287	0.979	0.597
A14	0.175	0.429	0.071	0.484	0.028	0.843
A15	0.088	0.462	0.044	0.337	1.183	1.233
A16	0.148	0.224	0.287	0.047	1.321	1.022
A17	0.049	0.333	0.219	0.523	0.265	0.144
A18	0.073	0.060	0.498	0.625	0.043	0.855
A19	0.022	0.036	0.284	0.236	0.877	0.844
A20	0.026	0.060	0.555	0.520	0.053	0.379
A21	0.035	0.158	0.202	0.331	0.155	0.254
A22	0.001	0.282	0.952	1.111	0.100	0.016
A23	0.085	0.093	0.158	0.038	0.123	0.129
A24	0.066	0.467	0.090	0.417	0.240	0.152
A25	0.048	0.153	0.106	0.299	0.438	0.349
A26	0.423	0.022	0.218	0.155	0.382	0.350
A27	0.049	0.021	0.026	0.003	0.428	0.283
A28	0.083	0.860	0.896	0.131	0.336	0.190
A29	0.360	0.180	0.002	0.221	0.523	0.025
A30	0.036	0.093	0.484	0.503	0.625	0.128

（续）

企业	核心员工平均受教育年限（年）	开工率（%）	研发人员比例（%）	员工平均年龄（岁）	员工数量（个）	成立时长（年）
A31	0.088	0.860	0.688	0.104	0.028	0.843
A32	0.037	0.076	0.032	0.157	0.122	0.162
A33	0.232	0.007	0.081	0.150	0.581	0.259
A34	0.019	0.435	0.371	0.033	0.237	0.196
A35	0.004	0.361	0.019	0.215	0.447	0.419
A36	0.027	0.007	0.315	0.028	0.415	0.651
A37	0.411	0.072	0.816	0.778	0.353	0.003
A38	0.007	0.007	4.042	3.949	0.522	0.489
A39	0.039	0.044	0.276	0.286	0.580	0.555
A40	0.336	0.052	0.153	0.043	0.229	0.750
A41	0.177	0.469	0.483	0.126	0.329	0.105
A42	0.098	0.503	0.498	0.163	0.787	0.623
A43	0.052	0.294	0.164	0.045	0.228	0.056
A44	0.008	0.098	0.032	0.109	0.163	0.020
A45	0.075	0.231	0.256	0.018	0.276	0.295
A46	0.099	0.024	0.088	0.052	0.119	0.217
A47	0.084	0.010	0.037	0.025	0.599	0.137
A48	0.030	0.174	2.871	3.019	0.111	0.545
A49	0.082	0.069	0.111	0.168	0.249	0.348
A50	0.080	0.146	0.246	0.152	0.436	0.388
A51	0.046	0.076	0.007	0.322	0.483	0.217
A52	0.116	0.061	0.528	0.477	0.517	0.083
A53	0.287	0.153	0.078	0.105	0.289	0.093
A54	0.182	0.508	0.015	0.372	0.090	0.288
A55	0.257	0.001	0.192	0.207	0.070	0.061
A56	0.023	0.030	0.019	0.004	0.266	0.015
A57	0.157	0.192	0.040	0.127	0.111	0.257
A58	0.018	0.285	0.981	0.722	0.685	0.819
A59	0.232	0.105	0.390	0.284	0.496	0.164
A60	0.270	0.022	0.022	0.140	0.261	0.251
A61	0.080	0.031	0.338	0.398	0.421	0.434

表 4 节能背景下肉羊屠宰加工企业经济效率影响因素灰色关联系数

企业	核心员工平均受教育年限（年）	开工率（%）	研发人员比例（%）	员工平均年龄（岁）	员工数量（个）	成立时长（年）
A1	0.944	0.985	0.934	0.988	0.705	0.804
A2	0.938	0.971	0.995	0.970	0.825	0.932
A3	0.893	0.979	0.953	0.984	0.621	0.630
A4	0.931	0.916	0.996	0.930	0.716	0.767
A5	0.970	0.868	0.930	0.937	0.776	0.821
A6	0.883	0.922	0.908	0.862	0.972	0.761
A7	0.926	0.913	0.995	0.905	0.869	0.847
A8	0.868	0.866	0.830	0.732	0.785	0.901
A9	0.931	0.993	0.345	0.333	0.635	0.714
A10	0.989	0.792	0.952	0.744	0.764	0.992
A11	0.965	0.858	0.913	0.750	0.764	0.771
A12	0.975	0.882	0.867	0.755	0.811	0.901
A13	0.998	0.966	0.915	0.903	0.731	0.817
A14	0.938	0.861	0.974	0.846	0.990	0.759
A15	0.968	0.852	0.984	0.888	0.692	0.683
A16	0.948	0.923	0.903	0.983	0.668	0.722
A17	0.982	0.889	0.924	0.836	0.910	0.949
A18	0.974	0.979	0.842	0.810	0.985	0.757
A19	0.992	0.987	0.904	0.919	0.752	0.759
A20	0.991	0.979	0.827	0.837	0.981	0.875
A21	0.987	0.944	0.930	0.889	0.945	0.913
A22	1.000	0.904	0.736	0.705	0.964	0.995
A23	0.970	0.966	0.944	0.986	0.956	0.954
A24	0.976	0.851	0.968	0.865	0.918	0.946
A25	0.983	0.946	0.962	0.899	0.859	0.884
A26	0.863	0.992	0.925	0.945	0.875	0.884
A27	0.982	0.993	0.991	0.999	0.862	0.904
A28	0.970	0.756	0.748	0.953	0.888	0.934
A29	0.881	0.937	1.000	0.924	0.836	0.991
A30	0.987	0.966	0.846	0.841	0.810	0.955

（续）

企业	核心员工平均受教育年限（年）	开工率（%）	研发人员比例（%）	员工平均年龄（岁）	员工数量（个）	成立时长（年）
A31	0.968	0.756	0.794	0.963	0.990	0.759
A32	0.987	0.972	0.989	0.945	0.957	0.943
A33	0.920	0.998	0.971	0.947	0.821	0.911
A34	0.993	0.860	0.878	0.988	0.918	0.932
A35	0.999	0.881	0.993	0.926	0.856	0.864
A36	0.991	0.998	0.894	0.990	0.865	0.803
A37	0.866	0.974	0.765	0.774	0.883	1.000
A38	0.998	0.998	0.397	0.402	0.836	0.845
A39	0.986	0.984	0.906	0.903	0.821	0.827
A40	0.888	0.981	0.946	0.985	0.921	0.780
A41	0.938	0.850	0.846	0.955	0.890	0.963
A42	0.965	0.841	0.842	0.943	0.772	0.810
A43	0.981	0.901	0.942	0.984	0.921	0.980
A44	0.998	0.965	0.989	0.961	0.943	0.993
A45	0.973	0.920	0.912	0.994	0.906	0.900
A46	0.965	0.992	0.968	0.981	0.958	0.925
A47	0.970	0.997	0.987	0.991	0.816	0.951
A48	0.989	0.939	0.481	0.468	0.960	0.830
A49	0.971	0.975	0.960	0.941	0.915	0.885
A50	0.971	0.948	0.916	0.946	0.859	0.873
A51	0.984	0.972	0.998	0.892	0.847	0.925
A52	0.959	0.978	0.834	0.848	0.837	0.970
A53	0.903	0.946	0.972	0.962	0.902	0.967
A54	0.936	0.840	0.995	0.877	0.968	0.903
A55	0.912	1.000	0.933	0.928	0.975	0.978
A56	0.992	0.989	0.993	0.999	0.909	0.995
A57	0.945	0.933	0.986	0.955	0.960	0.912
A58	0.994	0.903	0.731	0.787	0.795	0.764
A59	0.920	0.962	0.872	0.904	0.843	0.942
A60	0.908	0.992	0.992	0.950	0.911	0.914
A61	0.971	0.989	0.888	0.870	0.863	0.860

表5　环境约束背景下肉羊屠宰加工企业经济效率灰色关联变量

企业	环境经济效率	核心员工平均受教育年限（年）	开工率（%）	研发人员比例（%）	员工平均年龄（岁）	员工数量（个）	成立时长（年）
A1	0.574	17	60	3.819 444	36	288	5
A2	0.558	17	62	2.966 102	30	236	18
A3	0.120	16	40.666 67	3.794 038	39	369	8
A4	1.000	18	48.666 67	3.870 968	28	310	5
A5	0.218	18	81.25	2.150 538	26	279	5
A6	1.000	13	33.333 33	1.612 903	42	124	18
A7	1.000	11	25	1.960 784	44	51	8
A8	1.000	15	26.666 67	0	35	33	5
A9	1.000	18	35.714 29	24.927 54	36	345	5
A10	1.000	12	6.666 667	0	39	13	18
A11	1.000	10	12.5	0	40	9	8
A12	0.714	11	20	0	41	33	5
A13	0.588	14	55	2.491 103	33	281	5
A14	0.432	13	23.333 33	1.6	32	125	18
A15	0.576	16	20.833 33	1.851 852	29	324	8
A16	0.586	17	69	4.424 779	30	339	5
A17	0.626	14	66.666 67	1.666 667	34	180	5
A18	0.528	13	56.666 67	1.369 863	37	146	18
A19	0.555	14	46	2.583 026	32	271	8
A20	0.621	15	44	1.351 351	31	148	5
A21	0.502	14	40	2.424 242	34	165	5
A22	0.645	15	65	9	30	100	7
A23	0.523	16	50	4.651 163	31	172	13
A24	0.521	13	76.666 67	2.083 333	38	96	8
A25	0.602	11	30	2	43	50	12
A26	1.000	14	46.666 67	2.898 551	40	69	8
A27	0.526	13	43.333 33	3.389 831	41	59	12
A28	0.451	15	93.333 33	3.980 1	31	201	12
A29	0.955	15	60	3.076 923	36	65	14
A30	0.628	16	50	1.960 784	36	51	14

（续）

企业	环境经济效率	核心员工平均受教育年限（年）	开工率（%）	研发人员比例（%）	员工平均年龄（岁）	员工数量（个）	成立时长（年）
A31	0.427	15	93.333 33	4.8	32	125	18
A32	0.634	16	58.333 33	4.575 163	36	153	12
A33	0.625	14	50	4.347 826	45	23	4
A34	0.535	15	72.5	3.529 412	41	85	4
A35	0.451	13	26.666 67	2.222 222	44	45	7
A36	0.604	14	50	2.631 579	47	38	10
A37	0.101	16	40	0	28	58	4
A38	0.673	14	50	20	40	50	8
A39	0.501	12	55	2.380 952	40	42	21
A40	1.000	16	57.142 86	4	34	175	19
A41	0.763	14	73.333 33	4	31	200	4
A42	0.498	14	75	4.074 074	29	270	6
A43	0.522	14	33.333 33	3.333 333	40	90	12
A44	0.610	15	56	4.385 965	36	114	8
A45	0.464	15	62.5	4.022 989	36	174	4
A46	0.409	15	50	4.375	34	160	13
A47	0.748	16	43	4.291 845	32	233	4
A48	0.876	16	35	16.428 57	31	140	4
A49	0.571	13	57.142 86	4.166 667	44	72	17
A50	0.506	12	50	5	51	20	5
A51	0.658	13	50	4	48	25	19
A52	0.489	14	53.333 33	6.382 979	31	47	4
A53	0.951	16	36	3.208 556	33	187	5
A54	0.777	15	22	1.714 286	29	175	4
A55	0.291	15	51.111 11	4.878 049	35	123	9
A56	0.497	13	42.857 14	3.529 412	32	85	13
A57	0.281	16	64	5	31	140	12
A58	1.000	10	50	0	46	5	8
A59	0.232	12	52	2.173 913	30	46	14
A60	0.318	14	51.428 57	3.846 154	42	78	3
A61	0.518	16	42	5.853 659	33	205	10

表 6　环境约束背景下肉羊屠宰加工企业经济效率均值化处理结果

企业	环境经济效率	核心员工平均受教育年限（年）	开工率（％）	研发人员比例（％）	员工平均年龄（岁）	员工数量（个）	成立时长（年）
A1	0.042	0.182	0.223	0.033	0.000	1.113	0.465
A2	0.058	0.182	0.264	0.249	0.166	0.731	0.926
A3	0.496	0.113	0.171	0.040	0.084	1.707	0.144
A4	0.384	0.252	0.008	0.020	0.222	1.274	0.465
A5	0.398	0.252	0.657	0.456	0.277	1.047	0.465
A6	0.384	0.096	0.320	0.592	0.167	0.090	0.926
A7	0.384	0.235	0.490	0.504	0.223	0.626	0.144
A8	0.384	0.043	0.456	1.000	0.027	0.758	0.465
A9	0.384	0.252	0.272	5.308	0.000	1.531	0.465
A10	0.384	0.165	0.864	1.000	0.084	0.905	0.926
A11	0.384	0.304	0.745	1.000	0.112	0.934	0.144
A12	0.098	0.235	0.592	1.000	0.139	0.758	0.465
A13	0.028	0.026	0.121	0.370	0.083	1.061	0.465
A14	0.184	0.096	0.524	0.595	0.111	0.083	0.926
A15	0.040	0.113	0.575	0.531	0.194	1.377	0.144
A16	0.030	0.182	0.407	0.120	0.166	1.487	0.465
A17	0.010	0.026	0.359	0.578	0.055	0.321	0.465
A18	0.088	0.096	0.155	0.653	0.028	0.071	0.926
A19	0.061	0.026	0.062	0.346	0.111	0.988	0.144
A20	0.005	0.043	0.103	0.658	0.138	0.086	0.465
A21	0.114	0.026	0.184	0.387	0.055	0.210	0.465
A22	0.029	0.043	0.325	1.277	0.166	0.266	0.251
A23	0.093	0.113	0.019	0.177	0.138	0.262	0.391
A24	0.095	0.096	0.563	0.473	0.056	0.296	0.144
A25	0.014	0.235	0.388	0.494	0.195	0.633	0.284
A26	0.384	0.026	0.049	0.267	0.112	0.494	0.144
A27	0.090	0.096	0.117	0.142	0.139	0.567	0.284
A28	0.165	0.043	0.903	0.007	0.138	0.475	0.284
A29	0.339	0.043	0.223	0.221	0.000	0.523	0.498
A30	0.012	0.113	0.019	0.504	0.000	0.626	0.498

（续）

企业	环境经济效率	核心员工平均受教育年限（年）	开工率（%）	研发人员比例（%）	员工平均年龄（岁）	员工数量（个）	成立时长（年）
A31	0.189	0.043	0.903	0.215	0.111	0.083	0.926
A32	0.018	0.113	0.189	0.158	0.000	0.122	0.284
A33	0.009	0.026	0.019	0.100	0.251	0.831	0.572
A34	0.081	0.043	0.478	0.107	0.139	0.376	0.572
A35	0.165	0.096	0.456	0.438	0.223	0.670	0.251
A36	0.012	0.026	0.019	0.334	0.306	0.721	0.070
A37	0.515	0.113	0.184	1.000	0.222	0.575	0.572
A38	0.057	0.026	0.019	4.061	0.112	0.633	0.144
A39	0.115	0.165	0.121	0.397	0.112	0.692	1.247
A40	0.384	0.113	0.165	0.012	0.055	0.284	1.033
A41	0.147	0.026	0.495	0.012	0.138	0.467	0.572
A42	0.118	0.026	0.529	0.031	0.194	0.981	0.358
A43	0.094	0.026	0.320	0.156	0.112	0.340	0.284
A44	0.006	0.043	0.142	0.110	0.000	0.164	0.144
A45	0.152	0.043	0.274	0.018	0.000	0.276	0.572
A46	0.207	0.043	0.019	0.107	0.055	0.174	0.391
A47	0.132	0.113	0.123	0.086	0.111	0.709	0.572
A48	0.260	0.113	0.286	3.157	0.138	0.027	0.572
A49	0.045	0.096	0.165	0.054	0.223	0.472	0.819
A50	0.110	0.165	0.019	0.265	0.417	0.853	0.465
A51	0.042	0.096	0.019	0.012	0.334	0.817	1.033
A52	0.127	0.026	0.087	0.615	0.138	0.655	0.572
A53	0.335	0.113	0.266	0.188	0.083	0.372	0.465
A54	0.161	0.043	0.551	0.566	0.194	0.284	0.572
A55	0.325	0.043	0.042	0.234	0.027	0.098	0.037
A56	0.119	0.096	0.126	0.107	0.111	0.376	0.391
A57	0.335	0.113	0.305	0.265	0.138	0.027	0.284
A58	0.384	0.304	0.019	1.000	0.278	0.963	0.144
A59	0.384	0.165	0.060	0.450	0.166	0.663	0.498
A60	0.298	0.026	0.049	0.027	0.167	0.428	0.679
A61	0.098	0.113	0.144	0.481	0.083	0.504	0.070

表7　环境约束背景下肉羊屠宰加工企业经济效率极值选取

企业	核心员工平均受教育年限（年）	开工率（%）	研发人员比例（%）	员工平均年龄（岁）	员工数量（个）	成立时长（年）
A1	0.140	0.041	0.190	0.033	1.112	0.648
A2	0.124	0.082	0.015	0.083	0.565	0.195
A3	0.383	0.058	0.131	0.044	1.623	1.563
A4	0.132	0.244	0.013	0.201	1.052	0.809
A5	0.146	0.405	0.201	0.178	0.769	0.582
A6	0.288	0.225	0.271	0.425	0.077	0.836
A7	0.149	0.255	0.014	0.281	0.403	0.482
A8	0.341	0.413	0.544	0.973	0.731	0.293
A9	0.132	0.020	5.036	5.307	1.531	1.066
A10	0.219	0.699	0.136	0.916	0.821	0.022
A11	0.080	0.441	0.255	0.888	0.822	0.790
A12	0.137	0.357	0.408	0.861	0.618	0.293
A13	0.002	0.095	0.248	0.287	0.979	0.597
A14	0.088	0.429	0.071	0.484	0.028	0.843
A15	0.073	0.462	0.044	0.337	1.183	1.233
A16	0.152	0.224	0.287	0.047	1.321	1.022
A17	0.016	0.333	0.219	0.523	0.265	0.144
A18	0.008	0.060	0.498	0.625	0.043	0.855
A19	0.035	0.036	0.284	0.236	0.877	0.844
A20	0.038	0.060	0.555	0.520	0.053	0.379
A21	0.088	0.158	0.202	0.331	0.155	0.254
A22	0.014	0.282	0.952	1.111	0.100	0.016
A23	0.020	0.093	0.158	0.038	0.123	0.129
A24	0.001	0.467	0.090	0.417	0.240	0.152
A25	0.221	0.153	0.106	0.299	0.438	0.349
A26	0.358	0.022	0.218	0.155	0.382	0.350
A27	0.006	0.021	0.026	0.003	0.428	0.283
A28	0.122	0.860	0.896	0.131	0.336	0.190
A29	0.296	0.180	0.002	0.221	0.523	0.025
A30	0.101	0.093	0.484	0.503	0.625	0.128

（续）

企业	核心员工平均受教育年限（年）	开工率（%）	研发人员比例（%）	员工平均年龄（岁）	员工数量（个）	成立时长（年）
A31	0.146	0.860	0.688	0.104	0.028	0.843
A32	0.095	0.076	0.032	0.157	0.122	0.162
A33	0.017	0.007	0.081	0.150	0.581	0.259
A34	0.038	0.435	0.371	0.033	0.237	0.196
A35	0.069	0.361	0.019	0.215	0.447	0.419
A36	0.014	0.007	0.315	0.028	0.415	0.651
A37	0.402	0.072	0.816	0.778	0.353	0.003
A38	0.031	0.007	4.042	3.949	0.522	0.489
A39	0.050	0.044	0.276	0.286	0.580	0.555
A40	0.271	0.052	0.153	0.043	0.229	0.750
A41	0.121	0.469	0.483	0.126	0.329	0.105
A42	0.092	0.503	0.498	0.163	0.787	0.623
A43	0.068	0.294	0.164	0.045	0.228	0.056
A44	0.037	0.098	0.032	0.109	0.163	0.020
A45	0.109	0.231	0.256	0.018	0.276	0.295
A46	0.164	0.024	0.088	0.052	0.119	0.217
A47	0.019	0.010	0.037	0.025	0.599	0.137
A48	0.147	0.174	2.871	3.019	0.111	0.545
A49	0.051	0.069	0.111	0.168	0.249	0.348
A50	0.055	0.146	0.246	0.152	0.436	0.388
A51	0.054	0.076	0.007	0.322	0.483	0.217
A52	0.101	0.061	0.528	0.477	0.517	0.083
A53	0.222	0.153	0.078	0.105	0.289	0.093
A54	0.118	0.508	0.015	0.372	0.090	0.288
A55	0.282	0.001	0.192	0.207	0.070	0.061
A56	0.023	0.030	0.019	0.004	0.266	0.015
A57	0.222	0.192	0.040	0.127	0.111	0.257
A58	0.080	0.285	0.981	0.722	0.685	0.819
A59	0.219	0.105	0.390	0.284	0.496	0.164
A60	0.272	0.022	0.022	0.140	0.261	0.251
A61	0.015	0.031	0.338	0.398	0.421	0.434

表 8　环境约束背景下肉羊屠宰加工企业经济效率影响因素灰色关联系数

企业	核心员工平均受教育年限（年）	开工率（%）	研发人员比例（%）	员工平均年龄（岁）	员工数量（个）	成立时长（年）
A1	0.950	0.985	0.934	0.988	0.705	0.804
A2	0.955	0.970	0.995	0.970	0.825	0.932
A3	0.874	0.979	0.953	0.984	0.621	0.629
A4	0.953	0.916	0.996	0.930	0.716	0.767
A5	0.948	0.868	0.930	0.937	0.775	0.820
A6	0.902	0.922	0.907	0.862	0.972	0.761
A7	0.947	0.912	0.995	0.904	0.868	0.847
A8	0.886	0.866	0.830	0.732	0.784	0.901
A9	0.953	0.993	0.345	0.333	0.634	0.714
A10	0.924	0.792	0.952	0.744	0.764	0.992
A11	0.971	0.858	0.913	0.749	0.764	0.771
A12	0.951	0.882	0.867	0.755	0.811	0.901
A13	1.000	0.966	0.915	0.903	0.731	0.817
A14	0.968	0.861	0.974	0.846	0.990	0.759
A15	0.974	0.852	0.984	0.887	0.692	0.683
A16	0.946	0.922	0.903	0.983	0.668	0.722
A17	0.994	0.889	0.924	0.836	0.909	0.949
A18	0.997	0.978	0.842	0.810	0.984	0.756
A19	0.987	0.987	0.904	0.919	0.752	0.759
A20	0.986	0.978	0.827	0.837	0.981	0.875
A21	0.968	0.944	0.930	0.889	0.945	0.913
A22	0.995	0.904	0.736	0.705	0.964	0.994
A23	0.993	0.966	0.944	0.986	0.956	0.954
A24	1.000	0.851	0.967	0.865	0.917	0.946
A25	0.923	0.946	0.962	0.899	0.859	0.884
A26	0.881	0.992	0.924	0.945	0.874	0.884
A27	0.998	0.993	0.991	0.999	0.861	0.904
A28	0.956	0.756	0.748	0.953	0.888	0.933
A29	0.900	0.937	1.000	0.923	0.836	0.991
A30	0.964	0.966	0.846	0.841	0.810	0.954

（续）

企业	核心员工平均受教育年限（年）	开工率（%）	研发人员比例（%）	员工平均年龄（岁）	员工数量（个）	成立时长（年）
A31	0.948	0.756	0.794	0.963	0.990	0.759
A32	0.966	0.972	0.989	0.944	0.956	0.943
A33	0.994	0.998	0.971	0.947	0.821	0.911
A34	0.986	0.859	0.878	0.988	0.918	0.932
A35	0.975	0.881	0.993	0.925	0.856	0.864
A36	0.995	0.998	0.894	0.990	0.865	0.803
A37	0.869	0.974	0.765	0.773	0.883	0.999
A38	0.989	0.998	0.396	0.402	0.836	0.845
A39	0.982	0.984	0.906	0.903	0.821	0.827
A40	0.908	0.981	0.946	0.984	0.921	0.780
A41	0.957	0.850	0.846	0.955	0.890	0.962
A42	0.967	0.841	0.842	0.942	0.772	0.810
A43	0.975	0.900	0.942	0.984	0.921	0.980
A44	0.986	0.965	0.988	0.961	0.942	0.993
A45	0.961	0.920	0.912	0.994	0.906	0.900
A46	0.942	0.991	0.968	0.981	0.957	0.925
A47	0.993	0.996	0.986	0.991	0.816	0.951
A48	0.948	0.939	0.480	0.468	0.960	0.830
A49	0.982	0.975	0.960	0.941	0.914	0.884
A50	0.980	0.948	0.915	0.946	0.859	0.873
A51	0.980	0.972	0.998	0.892	0.846	0.925
A52	0.964	0.978	0.834	0.848	0.837	0.970
A53	0.923	0.946	0.972	0.962	0.902	0.966
A54	0.958	0.840	0.995	0.877	0.968	0.902
A55	0.904	1.000	0.933	0.928	0.974	0.978
A56	0.992	0.989	0.993	0.999	0.909	0.995
A57	0.923	0.933	0.986	0.955	0.960	0.912
A58	0.971	0.903	0.730	0.786	0.795	0.764
A59	0.924	0.962	0.872	0.904	0.843	0.942
A60	0.907	0.992	0.992	0.950	0.911	0.914
A61	0.995	0.989	0.887	0.870	0.863	0.860

图书在版编目（CIP）数据

基于环境约束的我国肉羊屠宰加工企业经济效率研究/
曹帅等著. —北京：中国农业出版社，2022.6
　　ISBN 978-7-109-29566-7

　　Ⅰ.①基…　Ⅱ.①曹…　Ⅲ.①肉用羊－屠宰加工－加
工企业－经济效率－研究－中国　Ⅳ.①F324

中国版本图书馆 CIP 数据核字（2022）第 105895 号

中国农业出版社出版

地址：北京市朝阳区麦子店街 18 号楼
邮编：100125
责任编辑：王秀田
版式设计：杜　然　　责任校对：吴丽婷
印刷：北京中兴印刷有限公司
版次：2022 年 6 月第 1 版
印次：2022 年 6 月北京第 1 次印刷
发行：新华书店北京发行所
开本：700mm×1000mm　1/16
印张：10.75
字数：170 千字
定价：68.00 元
